Windows 10

Datenschutzfibel 2019

Wolfram Gieseke

Windows 10 Datenschutzfibel 2019

Aktuell zum Funktions-Update 1809

Aktualisierte & erweiterte Neuauflage

Alle Datenschutzoptionen von Windows 10 finden und optimal einstellen

Microsoft-Telemetrie vollständig blockieren

Die Deutsche Nationalbibliothek verzeichnet diese Publikation in der Deutschen Nationalbibliografie; detaillierte bibliografische Daten unter http://dnb.dnb.de

© 2019 Wolfram Gieseke

Herstellung und Verlag: BoD – Books on Demand, Norderstedt

ISBN: 978-3-7481-7290-1

Vorwort

Datenschutz bleibt ein wichtiges Thema, nicht nur aber vor allem auch bei Windows 10. Das beliebte Betriebssystem ist durch Onlinekonten, Cloud-Diensten und Telemetrie-Funktionen eng mit den Datensammeldiensten von Microsoft  verknüpft. Zwar lassen sich alle diese Funktionen durch den Anwender steuern. Aber diese Optionen sind wenig benutzerfreundlich in den Windows-Einstellungen verteilt. Einen globalen „Aus"-Schalter sucht man vergebens, ebenso wie einen roten Faden oder einen Assistenten, der durch alle Dialoge führt.

Genau dieses Rolle soll dieses Buch übernehmen. Es begleitet Sie zu allen Windows-Einstellungen, die für Datenschutz und Privatsphäre (oder neudeutsch „Privacy") wichtig sind. Erfahren Sie, wo Sie diese Optionen finden, was sie bedeuten und welche Einstellungen empfehlenswert sind.

Diese aktualisierte und erweiterte Neuauflage berücksichtigt Neuerungen bis hin zum Funktions-Update 1809. Ebenso sind die neueste Erkenntnisse zu den Telemetrie-Diensten von Microsoft eingeflossen, durch die sich die Datensammelwut von Windows nun noch besser beschränken lässt.

Wolfram Gieseke

Inhaltsverzeichnis

1. Datenschutz von Anfang an

Einige für den Datenschutz wichtige Einstellungen können und sollten Sie gleich von Anfang an vornehmen. Dies gilt vor allem, wenn Sie Windows auf einem PC neu installieren. Zwar können Sie auch diese Einstellungen nachträglich verändern und korrigieren. Aber am einfachsten ist es, gleich richtig zu starten.

Datenschutz-Einstellungen bei der Installation

Bei jeder Windows-Installation zeigt der Assistent zum Abschluss der Installation einen Dialog mit einigen grundlegenden Datenschutzeinstellungen an. Das gilt sowohl für eine Neuinstallation als auch für eines der halbjährlichen „Feature-Updates". Das Gemeine daran: Microsoft füllt diesen Dialog schon mal standardmäßig in seinem Sinne aus. Wer hier also einfach abnickt, installiert Windows in einer eher gesprächigen Variante, die man dann später wieder zum Schweigen bringen muss.

Besser ist es deshalb, genau hinzuschauen und nur die Optionen eingeschaltet zu lassen, die man selbst wünscht. Wobei man keinen Fehler macht, hier erstmal alles auszuschalten und einzelne Einstellungen später ggf. wieder zu aktivieren.

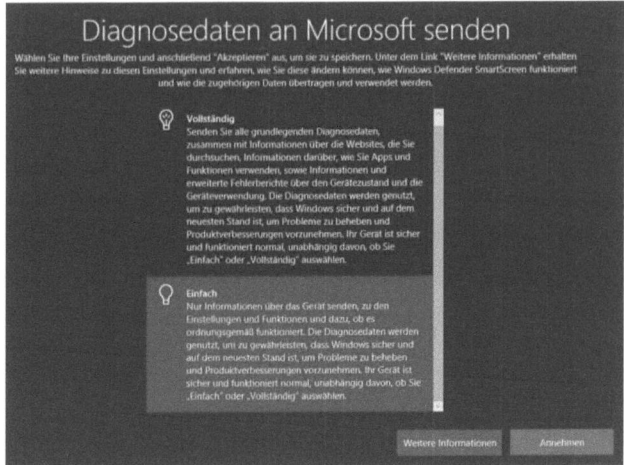

Hier die verschiedenen Dialoge im Überblick:

▷ *Spracheingaben*
Selbst wenn Sie Cortana und Spracherkennung nutzen möchten, müssen Sie diese Funktion nicht aktiviert lassen. Sie dient nur dazu, Ihre Spracheingaben bei Cortana und anderen Apps an Microsoft zu übermitteln, wo sie statistisch ausgewertet und für die Weiterentwicklung der Spracherkennung genutzt werden.

▷ *Standort*
Bei mobilen Geräten mag es sinnvoll sein, Windows und Apps jeweils auf den aktuellen Standort zugreifen zu lassen. Bei einem fest installierten Desktop-Rechner aber ist diese Information überflüssig.

▷ *Eingabeerkennung*
Vorschläge zur Autovervollständigung oder Korrektur beim Tippen oder Stifteingabe sind eine praktische Hilfe, erfordern aber, dass jeder eingegebene Buchstabe an Microsoft übermittelt wird.

▷ *Diagnosedaten*
Wer hier *Vollständig* wählt, sendet Microsoft ein Maximum an Daten über die Verwendung des eigenen PCs. Man selbst hat davon allenfalls indirekt etwas, wenn man davon ausgeht, dass Windows insgesamt durch diese Rückmeldungen verbessert wird.

▷ *Werbe-ID*
Entscheiden Sie selbst, ob Sie das Übermitteln ausführlicherer Daten über Ihre Windows-Nutzung eintauschen wollen, gegen Tipps und Empfehlungen, die laut Microsoft individueller auf Ihre Bedürfnisse und Nutzungsgewohnheiten abgestimmt sind.

Microsoft-Konto vs. lokale Anmeldung

Eine ganz grundlegende Entscheidung mit großen Auswirkungen auf den Datenschutz ist die Frage, wie Sie sich bei Ihrem Windows anmelden. Standardmäßig wünscht sich Windows 10 eine Verbindung zu einem Microsoft-Konto. Das beginnt schon bei der Installation, wo üblicherweise das meistgenutzte Benutzerkonto eingerichtet wird. Hier tut Windows so, als ob es nur eine Anmeldung per Microsoft-Konto gäbe. Die Alternative – nämlich das Anmelden mit einem lokalen Konto ohne jegliche Verbindung zu irgendwelchen Onlinediensten – ist gut versteckt und nur über Umwege möglich.

Ein Microsoft-Konto können Sie bei einem der verschiedenen von Microsoft betriebenen aktuellen oder ehemaligen Onlinedienste wie outlook.com, live.com. hotmail.com usw. haben. Die Namen und die zugrundeliegenden Webdienste unterscheiden sich, aber letztlich läuft es immer auf dasselbe hinaus. Eine solche Anmeldung mit einem Microsoft-Konto hat durchaus Vorteile, unter anderem:

▶ Das Konto wird automatisch in allen installierten Microsoft-Apps verwendet, also beispielsweise im Store, für Mail, Kalender, Musik usw. Verwenden Sie beispielsweise die E-Mail-Adresse dieses Kontos, können Sie nach der Anmeldung direkt auf neue Nachrichten zugreifen. Haben Sie schon mal Musik mit diesem Konto gekauft, steht Ihnen diese automatisch zur Verfügung usw.

▶ Eine recht praktische Funktion ist das Synchronisieren des Kontos, auch Roaming genannt. Wenn Sie dasselbe Konto auf mehreren PCs verwenden, werden die Einstellungen zwischen diesen PCs automatisch abgeglichen. Beispiel: Sie wählen auf dem einen PC ein neues Hintergrundbild aus und beim nächsten Anmelden am anderen PC zeigt dieser dasselbe Hintergrundbild an. Das gilt für viele andere

Einstellungen ebenso, etwa eingerichtete WLAN-Zugänge, den Browserverlauf oder die Leseliste mit vorgemerkten Webartikeln.

➤ Über die Sprachassistentin Cortana lassen sich Informationen über Gerätegrenzen hinweg nutzen. So können Sie sich gefundene Informationen wie etwa Routen direkt auf Ihr Smartphone senden lassen. Allerdings werden eben auch alle Eingaben in Cortana nicht lokal, sondern auf Microsoft-Servern analysiert. So landen alle Ihre Suchen und sonstigen Cortana-bezogenen Eingaben bei Microsoft, auch wenn Sie eigentlich nur lokal in Ihren eigenen Dokumenten suchen wollten.

Der Nachteil eines Microsoft-Kontos in Bezug auf Datenschutz liegt auf der Hand. Durch dieses Konto lassen sich alle Daten, die von Windows übermittelt werden einer ganz bestimmten Person zuordnen. Außerdem sind mit einem Microsoft-Konto ganz konkrete persönliche Angaben verbunden, etwa wenn Sie mit diesem Konto schon einmal eingekauft haben, Zahlungsinformationen für den Windows Store hinterlegt haben usw.

Wer auf die Funktionen eines Microsoft-Kontos verzichten kann bzw. bereit ist, kleine Einschränkungen hinzunehmen, kann Windows genauso gut mit einem lokalen Konto benutzen. Funktionelle Einschränkungen (über das hier beschriebene hinaus) gibt es dadurch nicht. Dadurch bringt man zwar nicht automatische alle

„Schnüffelfunktionen" von Windows zum Schweigen, aber man sorgt zumindest dafür, dass diese Funktionen nur noch anonyme Daten an Microsoft liefern. Auch diese Anonymität ist relativ, da der Softwarehersteller immer noch alle Daten von einem bestimmten Gerät einander zuordnen kann. Aber diese Zuordnung bezieht sich dann eben erstmal nur auf ein Gerät und nicht auf eine Person und deren Aktivitäten ggf. an mehreren Geräten.

Lokales Konto schon bei der Installation

Das erste Benutzerkonto wird direkt bei der Installation angelegt. Dabei bemüht sich der Assistent, Sie zu einem Microsoft-Konto zu verlocken. Eine Alternative scheint es auf den ersten Blick nicht geben. Dabei ist nur ein kleiner Umweg nötig:

1. Wenn der Assistent Sie nach der Adresse Ihres Microsoft-Kontos fragt, klicken Sie unten auf *Offlinekonto*.

2. Bestätigen Sie dann ggf. die hartnäckigen Hinweise des Assistenten, dass ein Microsoft-Konto besser wäre.

3. So gelangen Sie im nächsten Schritt zu einem Dialog, in dem Sie einen Namen für Ihr Benutzerkonto angeben können.

4. Anschließend tippen Sie hier das Kennwort (zweimal) ein und legen Sicherheitsfragen zum Zurücksetzen desselben fest, falls Sie es vergessen sollten.

5. Anschließend geht es mit dem Setupvorgang ganz normal weiter.

Weitere lokale Konten anlegen

Auch beim Anlegen weitere Benutzerkonten etwa für Familienmitglieder führt Windows Sie zielsicher zu einem Microsoft-Konto. Wozu man sagen sollte, dass es durchaus Vorteile haben kann, etwa für Kinder

Microsoft-Konten anzulegen. Nur so lassen sich für diese Konten spezielle Funktionen etwa zum Kinder- und Jugendschutz nutzen. Wer aber auf Datenschutz Wert legt, den wird das wohl nicht überzeugen, insbesondere weil sich solche Schutzfunktionen auch auf anderen Wegen, etwa durch Zusatzsoftware realisieren lassen.

1. Öffnen Sie die Windows-Einstellungen (nicht die Systemsteuerung!) und wechseln Sie dort in die Kategorie *Konten* und dann in die Untergruppe *Familie & weitere Kontakte*.

2. Nun wäre es intuitiver, ein *Familienmitglied hinzufügen* zu lassen. Dies ginge aber durch über das Anlegen eines weiteren Microsoft-Kontos. Wählen Sie besser unter *Andere Personen* die Funktion *Diesem PC eine andere Person hinzufügen*.

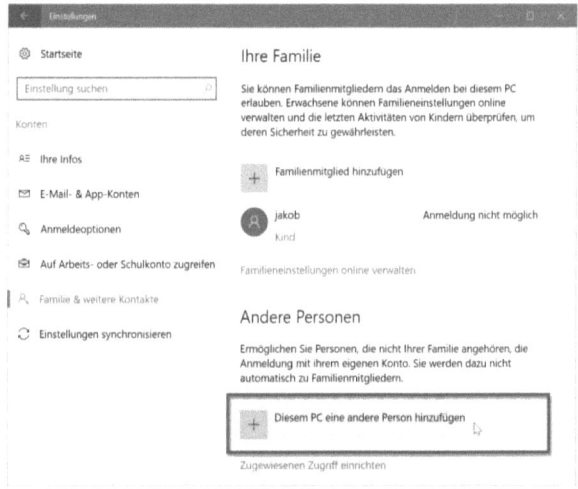

3. Um ein lokales Benutzerkonto anzulegen, wählen Sie dann erst unten *Ich kenne die Anmeldeinformationen dieser Person nicht* und im nächsten Schritt *Benutzer ohne Microsoft-Konto hinzufügen*.

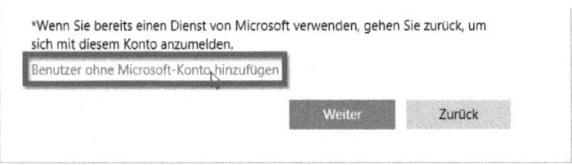

4. Anschließend geben Sie Name und Kennwort für den neuen Benutzer an. Ab dem April 2018-Update können bzw. müssen Sie außerdem mehrere Sicherheitsfragen mit Antworten hinterlegen, mit denen Sie das Kennwort zurücksetzen können, falls Sie es irgendwann vergessen sollten. Tippen Sie dann unten auf *Weiter*. Anschließend gelangen Sie zurück in die Kontenübersicht, in der das neue Benutzerkonto schon direkt aufgeführt wird.

Microsoft-Konto auf lokale Anmeldung umstellen

Nun nützen Anleitungen, wie Sie ein lokales Konto für die Windows-Anmeldung einrichten, zugegebenermaßen nicht viel, wenn Sie sich bereits von Windows zu einem Microsoft-Konto haben verleiten lassen. Das ist aber auch kein großes Problem. Erfreulicherweise erlaubt Windows es, diese

Entscheidung rückgängig zu machen und die Anmeldung auf lokale Zugangsdaten umzustellen.

Ihre Dateien und Einstellungen werden dadurch nicht beeinträchtigt. Lediglich Apps, die bislang von der zentralen Anmeldung profitiert haben, funktionieren nun ggf. nicht mehr, was ja aber vielleicht sogar gewollt ist. In den einzelnen Apps, die Sie nutzen möchten, können Sie das Microsoft-Konto anschließend wieder nur für die jeweilige App aktivieren.

1. Öffnen Sie die Einstellungen Ihres Windows-PCs und rufen Sie dort die Kategorie *Konnten/Ihre Infos* auf.

2. Hier finden Sie rechts Ihr eigenes Microsoft-Konto. Klicken Sie darunter auf den Link *Stattdessen mit einem lokalen Konto anmelden*.

3. Geben Sie anschließend das Kennwort Ihres Microsoft-Kontos zur Authentifizierung ein.

4. Nun können Sie wiederum ein lokales Konto mit Benutzername, Kennwort und Kennworthinweis erstellen.

5. Klicken Sie dann auf *Weiter* und anschließend auf *Abmelden und fertig stellen* (wenn alle eventuell geöffneten Dokumente gespeichert sind).

Windows meldet Sie dann ab. Anschließend können Sie sich mit dem lokalen Konto anmelden.

Microsoft-Konto nur in einzelnen Apps

Wenn Sie Ihre Windows-Anmeldung auf ein lokales Konto umgestellt haben, werden Sie ggf. feststellen, dass einige Apps nicht mehr ohne weiteres funktionieren. Das gilt für alle Apps, die ebenfalls mit diesem Konto verbunden sind, etwa die Store-App, Mail, Kalender, Musik, OneDrive usw. Das ist kein großes Problem. Wenn Sie diese Apps weiter nutzen möchten, können Sie bei jeder App einzeln das zuvor zentral konfigurierte Microsoft-Konto wieder einstellen.

1. Wenn eine App auf ein Microsoft-Konto angewiesen ist, meldet sie sich automatisch – entweder

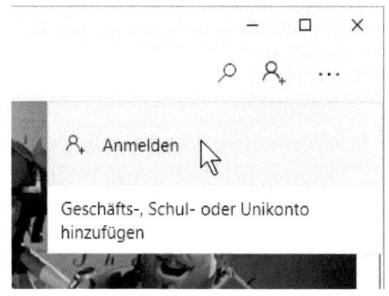

direkt beim Start oder spätestens, wenn Sie eine Funktion aufrufen, die sich nur mit Onlineanmeldung nutzen lässt. Alternativ können Sie diesen Vorgang auch jederzeit anstoßen, beispielsweise bei der Store-App, indem Sie oben links neben dem Suchfeld auf das Benutzer-Symbol klicken und im Menü *Anmelden* wählen.

2. Tippen Sie Adresse und das Kennwort Ihres Microsoft-Kontos ein und klicken Sie auf *Anmelden*.

3. Wichtig ist der nächste Schritt, wo nach dem aktuellen Windows-Kennwort gefragt wird. Wenn Sie hier wie verlangt Ihr Windows-Kennwort (oder auch die PIN) eingeben, stellen Sie die Windows-Anmeldung komplett von einem lokalen Benutzerkonto auf ein das angegebene Microsoft-Konto um!

4. Wenn Sie dies nicht wollen, klicken Sie stattdessen unterhalb des Kennwortfeldes auf den Link *Stattdessen nur bei dieser App anmelden*. Dann wird das Konto nur mit dieser App verknüpft und für Windows insgesamt bleibt es bei der lokalen Benutzeranmeldung.

Diese Anmeldung muss pro App nur einmal vorgenommen werden und wird dann gespeichert, bis Sie sich bewusst wieder abmelden. Sie gilt aber eben auch nur für diese eine App und nicht für alle oder gar für Windows insgesamt.

Dabei gibt es allerdings Ausnahme wie die Mail- und Kalender-Apps. Wenn Sie eine dieser beiden Apps mit einem Microsoft-Konto verbinden, gilt diese automatisch auch für die andere App. Sie können aber in diesem Fall bei Bedarf die andere App zumindest so konfigurieren, dass sie dieses Konto nicht synchronisiert.

2. Kontrolle über Ihre Daten

Wenn Sie sich erst jetzt intensiver mit dem Thema Datenschutz auseinandersetzen, sollten Sie zunächst eine Bestandsaufnahme machen. Welche Daten haben Sie in der Vergangenheit bereits preisgegeben und welche Schritte sind nötig, um in Zukunft sparsamer mit den eigenen Daten umzugehen? Gerade die Analyse, wie umfangreich Windows mit Standardeinstellungen Daten sammelt, kann anfangs erschreckend sein.

Diese Daten erfasst Microsoft über Sie

Wenn Sie Ihren Windows-PC und/oder andere Geräte mit einem Microsoft-Konto verwenden, erfasst Microsoft eine Vielzahl von Daten. Immerhin gibt sich der Softwareriese aber so transparent, dass er Ihnen verrät, welche Daten das genau sind. Das gibt jedem die Möglichkeit, sich selbst ein Bild von der Datensammelwut sowie ggf. von der Effektivität der vorgenommenen Einstellungen zu machen. Sie benötigen dazu lediglich einen Webbrowser und die Zugangsdaten Ihres Microsoft-Kontos:

1. Öffnen Sie im Browser die Adresse *login.live.com*.

2. Wird hier ein Anmelden-Dialog angezeigt, tippen Sie zunächst Ihre Benutzerkennung (eine E-Mail-Adresse, Telefonnummer oder ein Skype-Konto) ein, gefolgt vom dazugehörenden Passwort.

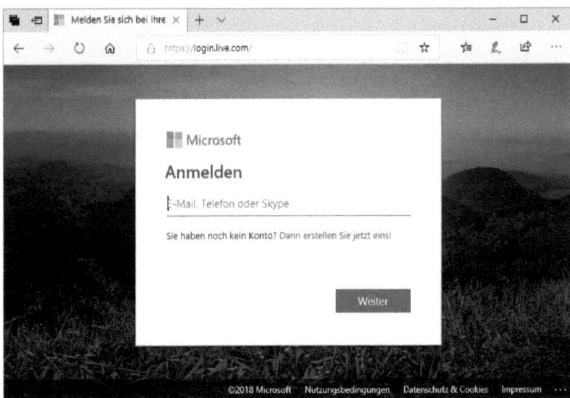

3. Nach erfolgreicher Anmeldung klicken Sie in der Menüzeile oben auf *Datenschutz*.

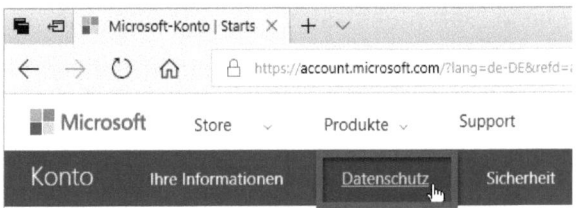

4. Damit öffnen Sie das Datenschutz-Dashboard, wo Sie in verschiedenen Abschnitten wie *Browserverlauf*, *Suchverlauf*, *Standort-Aktivität* oder *Sprachaktivität* kontrollieren können, welche Daten Microsoft bislang von Ihnen erhoben hat.

5. So zeigt Ihnen der Standortverlauf auf einer Kartenkachel, wann Sie Ihr(e) Gerät(e) wo verwendet haben.

13. Dez.   Aktionen ⌄

Harlachberg 2, 95704 Pullenreuth   14:42
(Besuche: 1)

Details anzeigen
ⓘ Um dieses Element zu löschen, wählen Sie diesen Datentyp in den Filtern und
verwenden dann die Schaltfläche „Aktivität löschen".

6. Aber Sie können Daten hier nicht nur betrachten, sondern auch löschen. Klicken Sie dazu oberhalb der Liste rechts auf Aktionen und dann *Aktivität löschen*. Das empfiehlt sich insbesondere, wenn Sie Ihr Windows mit den Empfehlungen in diesem Buch diskreter konfiguriert haben und nun die „Altlasten" loswerden möchten.

7. Microsoft warnt Sie dann zwar vor den Auswirkungen dieses Schrittes, aber das können Sie ignorieren und fortfahren. Beachten Sie bitte, dass Sie die letzten beiden Schritte für jede Art von Aktivität (Browserverlauf, Suchverlauf, Standortverlauf usw.) wiederholen müssen.

Telemetrie im Diagnostic Data Viewer überwachen

Wohl um zu demonstrieren, dass Microsoft es mit dem Datenschutz nun wirklich ernst meint, stellt der

Softwareriese seinen Anwendern seit kurzem eine App zur Verfügung, mit der man den Abfluss von Diagnosedaten vom eigenen PC gen Microsoft überwachen kann. So kann man die Auswirkungen der verschiedenen datenschutz-bezogenen Optionen hautnah verfolgen.

Den Diagnostic Data Viewer installieren

Das Programm nennt sich *Diagnostic Data Viewer* und kann aus dem Microsoft Store heruntergeladen werden. Bemühen Sie dort die Suchfunktion, um die App zu  finden („Diagnostic" sollte als Suchbegriff reichen). Auf der Detailseite der App brauchen Sie dann nur noch auf *Herunterladen* zu klicken.

Einblick in die übermittelten Daten

Nach dem Herunterladen können Sie die App direkt starten.

1. Sollte Windows sich dabei beschweren, dass die Anzeige von Diagnosedaten nicht aktiviert ist,

können Sie direkt in die Datenschutzeinstellungen wechseln und das nachholen.

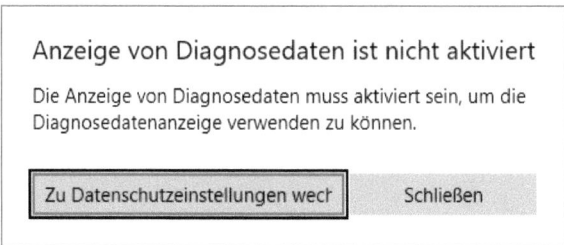

2. Gehen Sie dazu in den *Diagnose und Feedback*-Einstellungen nach unten zum Abschnitt *Diagnosedatenanzeige* und schalten Sie diese *Ein*.

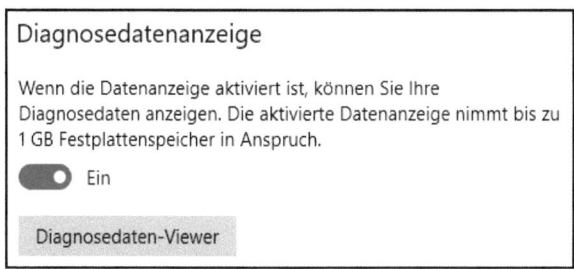

3. Anschließend liefert die Diagnosedatenanzeige ständig neue Ereignisse, die Sie jeweils per Klick auf die kreisförmige Aktualisieren-Schaltfläche oben neben dem Suchfeld importieren können.

4. Die Ereignisse sehen Sie links als lange Liste, wobei jeweils der Urheber des Ereignisses angegeben ist.

5. Klicken Sie einen der Einträge an, wird rechts der übermittelte Inhalt angezeigt.

An dieser Stelle könnte sich Enttäuschung breit machen, denn die Daten werden „im Original" und somit in einer für Maschinen gut, aber für Menschen umso schlechter lesbaren Form angezeigt. Trotzdem:

▷ Interessant ist schon mal die Menge an Daten insgesamt. Wenn Sie ein Weilchen abwarten (und nichts am Rechner tun) werden Sie feststellen, dass Windows selbst dann munter Daten erzeugt und übermittelt. Und auch jeder Start einer Anwendung erzeugt weitere Datenpakete.

▷ Für weitere Recherchen ist die Suchhilfe praktisch. Wenn Sie beispielsweise eine Seite im Edge-Browser öffnen und anschließend in der Diagnosedatenanzeige nach dem Namen der Seite suchen, werden Sie höchstwahrscheinlich einige Treffer landen, weil Edge Ihren Surfbesuch direkt an Microsoft weiter gemeldet hat.

Die Datenausgabe filtern

Die recht umfangreiche Datenausgabe lässt sich durch verschiedene Filter beschränken. Klicken Sie dazu oben links auf das Menüsymbol, um den Seitenbereich anzuzeigen. Dort finden Sie im Abschnitt *Filter* verschiedene Themenbereiche, auf die Sie die Datenausgabe konzentrieren können:

▷ *Nur Basisdaten für Diagnose anzeigen*: Hiermit schalten Sie ein sparsamen Modus ein, in dem nur grundlegende Daten angezeigt und Details ausgespart werden.

▷ *Browserverlauf*: Dieser Filter zeigt alle Übermittlungen an, die mit besuchten Webseiten zu tun haben.

▷ *Gerätekonnektivität und -konfiguration*: Ein Filter für Informationen über vorhandene und verbundene Geräte und deren Einstellungen.

▷ *Freihand, Eingabe und Sprache*: Alles, was mit dem Eingeben von Text per Tastatur, Sprache oder Stift zu tun hat.

▷ *Leistung von Produkten und Diensten*: Dieser Filter beschränkt sich auf Information zu Apps, Anwendungen und Diensten, die auf Ihrem PC aktiv sind.

Sie können mehrere Filter kombinieren, indem Sie sie nacheinander anklicken. Durch erneutes Anklicken wird ein Filter wieder deaktiviert. Mit *Auswahl löschen*, entfernen Sie alle gewählten Filter auf einmal. Die Einträge unterhalb der Filter sind Abkürzungen zu

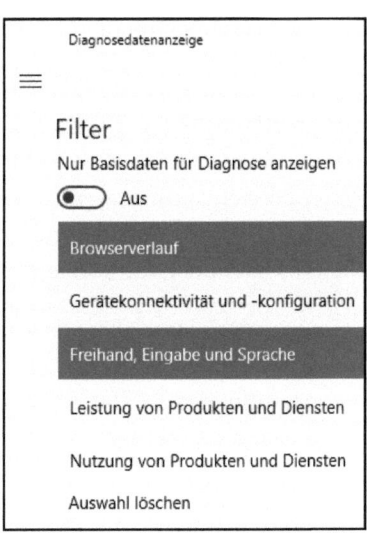

wichtigen datenschutz-bezogenen Einstellungen wie dem Datenschutz-Dashboard oder den Datenschutzoptionen in den Windows-Einstellungen.

Und nur im Missverständnissen vorzubeugen: Die Filter der Diagnosedatenanzeige beziehen sich nur auf die Darstellung in der Daten in der App. Sie wirken sich nicht auf die tatsächlich übertragenen Daten aus.

Was Ihr Microsoft-Konto synchronisiert

Das Verwenden eines Microsoft-Kontos und Datenschutz bzw. Privatsphäre schließen sich nicht aus. Sie können ein Microsoft-Konto verwenden und trotzdem viele der in diesem Ratgeber beschriebenen Option deaktivieren bzw. im Sinne von Datenschutz und Privatsphäre einstellen. Es ist also keineswegs so, dass Sie bei Verwenden eines Microsoft-Kontos Windows ohnehin schutzlos ausgeliefert wären oder dass das Verwenden eines lokalen Kontos weitere Einstellung überflüssig machen würde. Aber mit jedem Microsoft-Konto sind eine Reihe von Synchronisierungseinstellungen verbunden, die das nahtlose „Roaming" zwischen verschiedenen PCs und Mobilgeräten erlauben.

Bei diesem Roaming werden Daten zwischen den Geräten ausgetauscht, bei denen Sie sich mit demselben Microsoft-Konto anmelden. Dieser Austausch erfolgt aber per Zwischenspeicherung auf Microsoft-Servern, denn sonst wäre das Synchronisieren ja immer nur möglich, wenn beide Geräte zur gleichen Zeit eingeschaltet und online sind. Alle synchronisierten Daten fließen also auf Microsoft-Server ab.

Und auch wenn Sie das Microsoft-Konto nur auf einem einzigen PC benutzen, also gar keine Notwendigkeit für das Synchronisieren besteht, sollten Sie davon ausgehen, dass Microsoft solche Daten auf seine Server zieht. Denn Sie könnten ja jederzeit ein weiteres Gerät in Betrieb nehmen und dann sollen die Daten sofort zur Verfügung stehen.

Wollen Sie also bei Verwendung eines Microsoft-Kontos das Transferieren von Synchronisierungsdaten auf Microsoft-Server verhindern, können Sie das nur aktiv durch Festlegen der dazugehörenden Optionen erreichen.

1. Öffnen Sie dazu in den Einstellungen Ihres PCs die Kategorie *Konten/ Einstellungen synchronisieren*.

2. Hier können Sie die Roaming-Funktion mit dem obersten Schalter *Synchronisierungseinstellungen* pauschal ein- oder ausschalten. Wollen Sie gar nichts synchronisieren, gehört dieser also auf *Aus*.

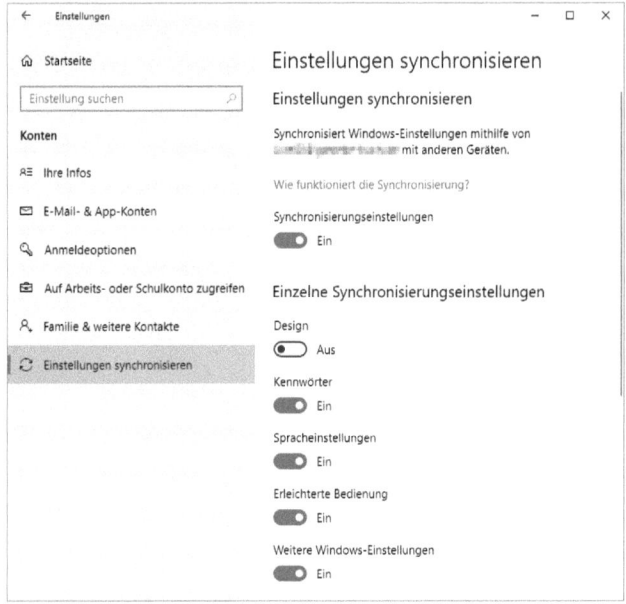

3. Alternativ können Sie Roaming prinzipiell zulassen, aber mit den Optionen darunter steuern, was genau synchronisiert werden soll. So können Sie etwa „harmlose" Dinge wie Ihr Desktop-Design abgleichen lassen, aber sensiblere Daten wie Kennwörter und Webbrowsereinstellungen,

die beispielsweise auch den Browserverlauf umfassen, deaktivieren.

Das Windows Insider-Programm

Sehr viel beigetragen zum schlechten Ruf von Windows 10 in Bezug auf Datenschutz hat das Windows Insider-Programm, durch das jeder Interessierte schon früh Vorabversionen aus der aktuellen Weiterentwicklung von Windows beziehen kann, um diese zu testen, sich zu informieren oder eben neue Funktionen schon frühzeitig nutzen zu können.

Die Teilnahme am Insider-Programm kostet kein Geld, aber sie ist nicht umsonst. Wer mitmachen möchte, bezahlt mit Daten, denn in den Insider-Previews erhebt Microsoft eine Vielzahl von Informationen bis hin zum Inhalt eingetippter Texte. Diese werden an Server des Softwarekonzerns übermittelt und dienen der Überwachung und statistischen Auswertung des Insider-Programms, aber auch dem Nachstellen konkrete Fehlersituationen.

Wer am Insider-Programm teilnehmen möchte, der muss dieser Übermittlung in den Teilnahmebedingungen zustimmen. Und längst nicht alle diese Telemetrie-Funktionen lassen sich abschalten.

Sehr deutlich wird dies in den Einstellungen bei *Datenschutz/ Diagnose und Feedback*: Beim regulären Windows kann man hier bei *Diagnosedaten* steuern, wieviel der eigene PC preisgeben darf. Zwar lässt sich selbst mit der niedrigsten Option *Einfach* nicht jegliche Telemetrie unterbinden, aber sie wird auf grundlegende Angaben wie Versionsnummern von installierten Programmen und Treibern beschränkt.

Nimmt man hingegen am Insider-Programm teil, steht diese Einstellung automatisch auf *Vollständig* und lässt sich auch nicht verändern. Wer Insider sein will, muss also die digitalen Hosen zwangsläufig ganz runter lassen. Das bedeutet im Extremfall, dass Microsoft-Mitarbeiter sich ohne Kenntnis des Anwenders per Remoteverbindung auf den PC „aufschalten", das System analysieren und sogar betroffene Dokumente einsehen dürfen.

Auch sonst gibt es Unterschiede zwischen Insider-Programm und den regulären Windows-Versionen und -Updates, etwa bei Lizenzbedingungen, wo Microsoft sich beim regulären Windows deutlicher weniger Freiheiten herausnimmt.

Das Fazit daraus kann also nur lauten: Wer sich um seine Privatsphäre und den Schutz seiner Daten sorgt, der sollte um das Insider-Programm von Windows einen großen Bogen machen und jeweils auf das Aktualisieren der regulären Windows-Versionen warten. Das heißt allerdings nicht, dass in diesen keinerlei Telemetriefunktionen eingebaut wäre, aber dazu mehr im nachfolgenden Kapitel.

3. Datenschutz-Einstellungen in Windows 10

Was Windows 10 in Bezug auf Datenschutz so problematisch macht, ist weniger, dass sich seine Geschwätzigkeit nicht eindämmen ließe. Es ist vielmehr, dass die dafür zuständigen Einstellungen auf eine Vielzahl von Optionen verteilt sind. Und die finden sich nicht zentral an einem Ort, sondern an verschiedenen Stellen in den Windows-Einstellungen, aber auch in einzelnen Anwendungen. In diesem Kapitel mache ich den Versuch, alle relevanten Funktionen zusammenzustellen, verständlich zu beschreiben und – sofern sinnvoll – auch meine Empfehlung dafür zu geben. Damit der Überblick nicht verloren geht, sind die Beschreibungen nach einem einheitlichen Schema aufgebaut:

[Name der Einstellung]

[Anwendung bzw. App und dort die Stelle, an der die Einstellung zu finden ist]

[Erklärung der Einstellung sowie ggf. der wählbaren Optionen
...]

[Standardeinstellung „ab Werk"]

[Empfehlung]

Steht bei Empfehlung *Keine*, so bedeutet dies in der Regel, dass das Deaktivieren einer Einstellung zugleich auch die zugrundeliegende Funktion abschaltet. In solchen Fällen ist es einfach eine Ermessensfrage, ob Ihnen diese Funktion wichtig genug ist, um dafür Ihre Daten mit Microsoft zu teilen.

Allgemeine Datenschutzoptionen

Die Kategorie *Datenschutz* in den Einstellungen von Windows 10 macht nur einen Teil der datenschutz-relevanten Optionen aus. Trotzdem ist es sinnvoll, die Reise in die Tiefen der Windows-Einstellungen an dieser Stelle mit einem paar grundlegenden Einstellungen in der Rubrik *Allgemein* zu beginnen.

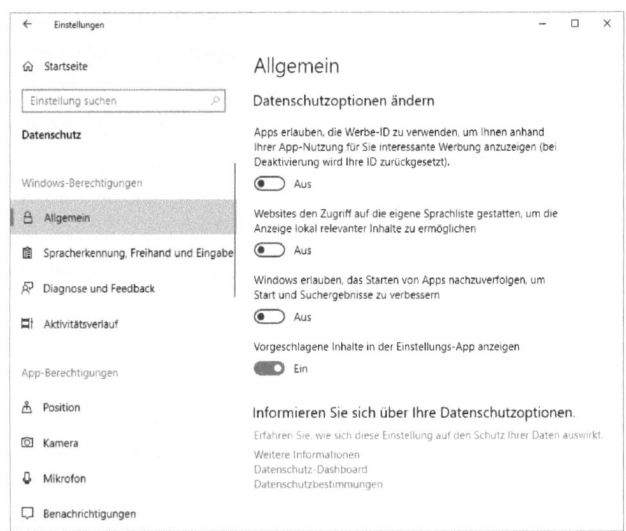

Ermöglicht Apps die Verwendung der Werbe-ID, um Ihnen anhand Ihrer App-Aktivität interessantere Werbung anzuzeigen (bei Deaktivierung wird Ihre ID zurückgesetzt)

Einstellungen: *Datenschutz/ Allgemein*

Eine Werbe-ID ermöglicht es, Anzeigen in Apps auf Ihre persönlichen Interessen zuzuschneiden. Manche empfinden das sogar als Vorteil, andere nicht. In jedem Fall kann diese Option ohne nennenswerte Nachteile ausgeschaltet werden.

Standard: *Ein* – Empfehlung: *Aus*

Websites den Zugriff auf die eigene Sprachliste gestatten, um die Anzeige lokal relevanter Inhalte zu ermöglichen

Einstellungen: *Datenschutz/ Allgemein*

Wenn eine Website weiß, welche Sprache ein Besucher bevorzugt, kann sie sich ggf. automatisch in der passenden Sprache präsentieren. Ist diese Option an, darf jede Webseite Informationen über Ihre bevorzugte(n) Sprache(n) abrufen und auswerten.

In der Praxis wird dies selten umgesetzt und ist nicht wirklich notwendig, da man in der Regel auch manuell die gewünschte Sprache wählen kann. Insofern sollte man diese Information schützen.

Standard: *Ein* – Empfehlung: *Aus*

Windows erlauben, das Starten von Apps nachzuverfolgen, um Start und Suchergebnisse zu verbessern

Einstellungen: *Datenschutz/ Allgemein*

Mit dieser Einstellung erfasst Windows, welche Apps Sie wie oft und wann verwenden. Das kann dazu genutzt werden, oft genutzte Apps im Hintergrund bereit zu stellen, so dass sie bei Bedarf schneller verfügbar sind. Ob dieser eventuelle Komfortgewinn es wert ist, dass Microsoft ganz genau weiß, was Sie wann mit Ihrem PC machen, dass sollte jeder für sich selbst ausprobieren und entscheiden.

Standard: *Ein* – Empfehlung: *Aus*

Vorgeschlagene Inhalte in der Einstellungs-App anzeigen

Einstellungen: *Datenschutz/ Allgemein*

Windows kann für alle Einstellungen Vorschläge machen, die an verschiedenen Stellen präsentiert werden – beispielsweise als Hinweis im Infobereich. Das ist kein Datenschutzproblem, aber einfach lästig. Problematisch wird es, wenn Sie den PC mit anderen teilen, die dazu neigen, solche Vorschläge von Windows mal eben abzunicken. Dann ist es sinnvoll, solche Vorschläge gar nicht erst machen zu lassen. (oder gleich mit eingeschränkten Konten zu arbeiten.)

Standard: *Ein* – Empfehlung: *Aus*

Online-Spracherkennung

Einstellungen: *Datenschutz/ Spracherkennung*

Wenn Sie mit Cortana und anderen Apps sprechen, übermittelt Microsoft diese Daten an seine Server und lässt sie dort online auswerten. Wenn Sie das nicht möchten, sollten Sie die Online-Spracherkennung deaktivieren. Windows beschränkt sich dann auf lokale Funktionen. Cortana und andere Apps, die für die Spracherkennung auf Cloud-Funktionen angewiesen sind, lassen sich dann allerdings nicht mehr per Sprache bedienen.

Standard: *Aktiviert* – Empfehlung: *Deaktivieren*

Mich kennenlernen

Einstellungen: *Datenschutz/ Freihand- und Eingabeanpassung*

Um das automatische Vervollständigen von Eingaben und das Erkennen von Handschrift zu optimieren, legt Windows ein individuelles Wörterbuch mit Ihren Eingaben an. An sich eine gute Idee, allerdings werden diese Daten ggf. mit Ihren anderen Windows-Geräte synchronisiert. Können dadurch andere Personen Rückschlüsse auf Ihre Eingaben ziehen, sollten Sie diese Funktion ausschalten. Mit dem Link *Benutzerwörterbuch anzeigen* können Sie den Inhalt des Wörterbuchs jederzeit einsehen und löschen.

Standard: *Aktiviert* – Empfehlung: *Deaktivieren*

Diagnose und Feedback begrenzen

Microsoft möchte am liebsten möglichst viel über seine Nutzer und das, was sie tun, wissen. Teilweise werden diese Informationen in Form von Feedback direkt nachgefragt, was weniger schädlich als nervig ist. Der weitaus größte Teil fließt aber unmerklich und vollautomatisch durch Diagnosefunktionen ab. In der Rubrik *Diagnose und Feedback* kann man sich diesem Datenstrom zum größten Teil entgegen stemmen.

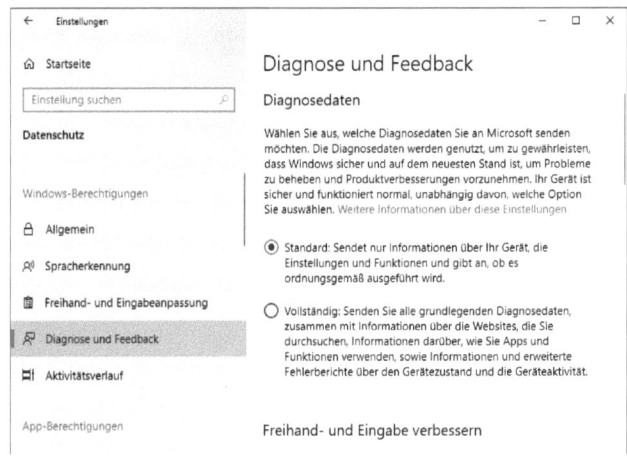

Diagnosedaten

Einstellungen: *Datenschutz/ Diagnose und Feedback*

Windows erfasst ständig Daten über sich selbst und seine Tätigkeit, etwa welche Hardware im PC verbaut ist, welche Treiberversionen installiert sind, welche Programm wann und wie oft ausgeführt werden usw. Diese Daten werden an Microsoft übermittelt und dort statistisch ausgewertet. Das ist aus Sicht der Windows-Entwickler hilfreich, da sie so erfahren, was ihre Kunden mit Windows machen, welche Anwendungen wie häufig eingesetzt werden, welche Hardware verwendet wird, wo Probleme auftauchen usw. Aus Sicht der Anwender sieht dies anders aus, denn dass genau erfasst wird, wer wann was mit seinem Windows-PC tut, hinterlässt kein gutes Gefühl. Welche Daten diese Diagnose genau erfasst, lässt sich hier steuern. Hinweis: In den Insider-Vorabversionen unterscheiden sich die Bezeichnungen dieser Einstellungen teilweise.

▷ *Standard*

Das ist die Minimaleinstellungen, denn ganz deaktivieren lassen sich die Diagnosefunktionen offiziell nicht. So überwacht Windows sich selbst, installierte Programme und Hardwaretreiber, um ggf. aktualisierte Versionen zu installieren. Ohne diese Einstellung würde also Windows-Update nicht funktionieren. Außerdem werden Fehlfunktionen bei Windows sowie Abstürze bei Anwendungen grundlegend an Microsoft übermittelt, allerdings ohne spezifische Detailinformationen. Zusätzlich werden die Eckdaten der Hardware-Ausstattung wie etwa Prozessortyp, Speichergröße, Bildschirm- und Kameraauflösung oder ggf. die Akkukapazität weitergegeben. Diese Daten dienen also ausschließlich dem statistischen Erfassen von Problemen. Bei Geräten mit Mobilfunkmodul wird allerdings auch die IMEI übermittelt.

▶ *Vollständig*

Hier kommt zu den übermittelten Daten noch hinzu, dass in Einzelfällen Microsoft-Mitarbeiter ohne Wissen und ausdrückliche Zustimmung (die ist mit dieser Option erteilt) eine Remote-Verbindung zum Rechner aufbauen dürfen. Dort können sie verschiedene Diagnosewerkzeuge nutzen, um ein bestimmtes, aufgetretenes Problem genauer zu analysieren. Auch Einblicke in die Registry sowie in Dateien, die im Umfeld eines Problems verwendet wurden, sind möglich.

Standard: *Vollständig* – Empfehlung: *Einfach*

Freihand- und Eingabeerkennung verbessern

Einstellungen: *Datenschutz/ Diagnose und Feedback*

Ist diese Option eingeschaltet, übermittelt Windows alle Ihre Eingaben in die Cloud, damit Microsoft seine Funktionen für Vorschläge und Korrekturen weiterentwickeln kann

Standard: *Ein* – Empfehlung: *Aus*

Individuelle Benutzererfahrung

Einstellungen: *Datenschutz/ Diagnose und Feedback*

Ist diese Einstellung eingeschaltet, verspricht Microsoft, individueller an den Benutzer angepasste

Tipps und Hinweise zu geben. Es werden deswegen keine zusätzlichen Daten erhoben, nur die ohnehin ermittelten Daten noch intensiver ausgewertet. Insofern kann man sich überlegen, ob man an solchen individuellen Empfehlungen interessiert ist.

Standard: *Ein* – Empfehlung: *Aus*

Diagnosedaten anzeigen

Einstellungen: *Datenschutz/ Diagnose und Feedback*

Um die neue Diagnosedatenanzeige nutzen zu können, muss diese Einstellung zumindest vorübergehend aktiviert werden. Auf Dauer sollte sie aber abgeschaltet bleiben, um den Speicherplatz der Diagnosedaten freizugeben. Beachten Sie dazu auf darunter die Schaltfläche, mit der Sie Ihre *Diagnosedaten öffnen* können.

Standard: *Ein* – Empfehlung: nach Bedarf

Diagnosedaten löschen

In diesem Abschnitt finden Sie eine *Löschen*-Schaltfläche, mit der Sie alle Diagnosedaten, die Microsoft in seinen Systemen zu diesem Gerät gesammelt hat, löschen lassen können.

Empfehlung: Bei aktiver Diagnose regelmäßig nutzen

Feedbackhäufigkeit

Einstellungen: *Datenschutz/ Diagnose und Feedback*

Gerne fragt Windows den Anwender nach seiner Meinung zu bestimmten Aspekten wie beispielsweise neuen Funktionen oder dem Auftreten bestimmter Probleme. Die Antworten werden selbstverständlich an Microsoft übermittelt und ausgewertet. Allerdings kann man solche Fragen einfach ignorieren. Dann ist es aber sinnvoller, sie von vorneherein ganz zu unterbinden, in dem man hier die Einstellung *Nie* wählt.

Standard: *Automatisch* – Empfehlung: *Nie*

Übertragen von Telemetrie ganz blockieren

Obwohl Microsoft bei einzelnen Windows-Editionen wie etwa Enterprise oder Student eine weitere Feedback-Stufe mit noch weniger Daten erlaubt, stellt sich der Software-Riese nicht ganz uneigennützig auf den Standpunkt, dass es ganz ohne Diagnosedaten nun mal nicht ginge.

Dass das so nicht ganz stimmt, zeigt eine Untersuchung des Bundesamtes für Sicherheit in der Informationstechnik (BSI). Die haben das Erheben und Übermitteln von Diagnosedaten bei Windows 10 näher unter die Lupe genommen und dabei einen Windows-Dienst als zuständig Instanz für das Übermitteln der Daten an Microsoft ausgemacht. Tests haben gezeigt, dass man diese Dienst wohl deaktivieren kann, ohne Nachteile befürchten zu müssen. Es wirkt sich beispielsweise nicht nachteilig auf den Empfang von Windows Updates oder das Nutzen anderer Windows-Dienste aus.

1. Klicken Sie mit der rechten Maustaste auf das Windows-Symbol der Taskleiste (oder drücken Sie **[Win] +]x]**).

2. Wählen Sie im Menü den Punkt *Computerverwaltung*.

3. Öffnen Sie in der Navigationsleiste am linken Rand *Dienste und Anwendungen/Dienste*.

4. Suchen Sie in der Liste der Dienste den Eintrag *Benutzererfahrung und Telemetrie im verbundenen Modus* und doppelklicken Sie darauf.

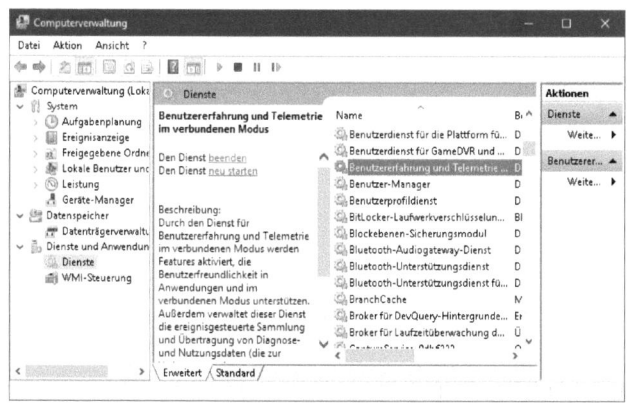

5. Klicken Sie im anschließenden Dialog auf die *Beenden*-Schaltfläche, um den Dienst zu deaktivieren.

6. Wichtig: Wählen Sie außerdem bei *Starttyp* die Option *Deaktiviert*, damit Windows den Dienst auch nicht wieder eigenmächtig reaktivieren kann.

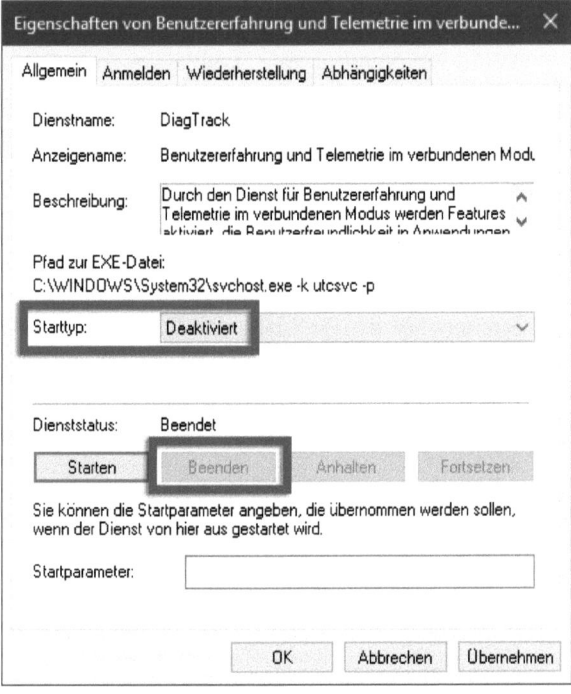

Wichtig: Durch die halbjährlichen Funktions-Updates werden diese Einstellungen leider immer wieder rückgängig gemacht werden. Deshalb müssen sie nach jedem Funktions-Update erneut wie hier beschrieben vorgenommen werden.

Warnhinweis
Das Deaktivieren dieses Dienstes ist nach derzeitigem Kenntnisstand (Frühjahr 2019) unproblematisch. Allerdings wurde es bislang weder sehr lange noch von einem größeren Benutzerkreis praktiziert. Es ist möglich, dass sich in Einzelfällen doch noch Probleme ergeben oder dass Microsoft darauf reagiert, wenn immer mehr Benutzer diese Methode anwenden. Im Fall von Problemen lässt der Dienst sich aber ebenso schnell wieder reaktivieren.

Aktivitätsverlauf

Mit dem Funktions-Update von April 2018 hat Microsoft den Aktivitätsverlauf („Timeline") für Windows eingeführt. Dieser ist aus der Sicht des Datenschutzes nicht unproblematisch. Wenn sich mehrere Personen einen PC (und das Benutzerkonto) teilen, kann einer sofort sehen, was der andere gemacht hat. Dies lässt sich vermeiden, indem jeder Anwender sein eigenes Benutzerkonto verwendet.

Komplizierter wird es, wenn man auf mehreren Geräten die Synchronisierung des Aktivitätsverlaufs nutzt. Diese ermöglicht es beispielsweise, eine unterwegs am Notebook begonnene Tätigkeit später zuhause am PC einfach fortzusetzen. Allerdings erfolgt das Synchronisieren über das Microsoft-Konto und die Cloud und auch hier besteht bei geteiltem Konto die Möglichkeit, dass die Anwender sich gegenseitig kontrollieren können. In den Einstellungen unter *Datenschutz/ Aktivitätsverlauf* können Sie aber einstellen, ob und wie synchronisiert werden soll.

Meinen Aktivitätsverlauf auf diesem Gerät speichern

Einstellungen: *Datenschutz/ Aktivitätsverlauf*

Diese Einstellung steuert, ob Aktivitäten, die Sie auf diesem Gerät ausüben, in den Aktivitätsverlauf aufgenommen werden sollen. Sie können den Aktivitätsverlauf unabhängig davon nutzen. Aber wenn diese Option ausschalten, werden in der Timeline nur Aktivitäten anderer Geräten angezeigt.

Standard: *Ein* – Empfehlung: Keine

Meinen Aktivitätsverlauf an Microsoft senden

Einstellungen: *Datenschutz/ Aktivitätsverlauf*

Diese Einstellung legt fest, ob die Aktivitäten, die Sie auf diesem PC ausüben, per Cloud mit Ihren anderen Geräten synchronisiert werden sollen. Sie können den Aktivitätsverlauf unabhängig davon nutzen, aber wenn diese Option ausgeschaltet ist, werden Aktivitäten von diesem PC auf anderen Geräten nicht angezeigt.

Standard: *Ein* – Empfehlung: Keine

Standortbezogene System- und App-Einstellungen

Windows kann aus verschiedenen Quellen Informationen über den aktuellen Standort Ihres PCs beziehen. Selbst wenn kein GPS-Empfänger verbaut ist, können Informationen über verfügbaren WLANs (teilweise recht genau) oder Daten der Interneteinwahl und verwendeten IP-Adresse (eher ungenau) eine Ortsbestimmung ermöglichen. Diese Angaben werden für ortsbezogene Dienste verwendet, aber auch zur Auswertung an Microsoft oder die Entwickler einzelner Apps übermittelt. Die relevanten Einstellungen hierzu finden Sie in den Einstellungen in der Rubrik *Datenschutz/ Position*.

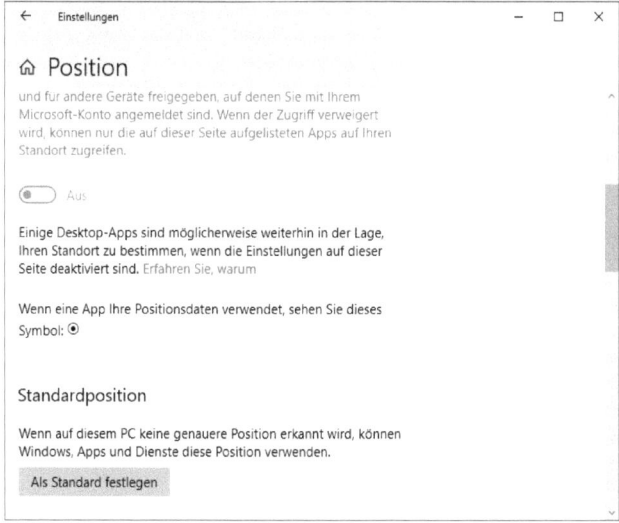

49

Zugriff auf den Standort auf diesem Gerät zulassen

Einstellungen: *Datenschutz/ Position*

Diese Einstellung steuert sozusagen die grundlegende Funktion zur Standortermittlung. Ist sie eingeschaltet, kann Windows die Position bestimmen und dazu ggf. auf vorhandene Hardware wie einen GPS-Empfänger zugreifen. Schalten Sie diese Einstellung aus, wird die Standorterkennung deaktiviert und weder Windows selbst noch zusätzliche Apps können auf Standortdaten zugreifen. Ob man das möchte, hängt von den individuellen Ansprüchen ab. Ist man mit einem Notebook oder Tablet unterwegs und möchte standortbasierte Dienste nutzen oder sich navigieren lassen, muss diese Option eingeschaltet sein. Auf einem stationären PC hingegen wird man solche Funktionen eher weniger benötigen.

Standard: *Ein* – Empfehlung: Keine

Zulassen, dass Apps auf Ihren Standort zugreifen

Einstellungen: *Datenschutz/ Position*

Diese Option steuert, ob Apps auf die Standortdaten zugreifen dürfen. Ist sie eingeschaltet, können Sie weiter unten in der Liste der Apps festlegen, welchen davon dies erlaubt sein soll und welchen nicht.

Standard: *Ein* – Empfehlung: Keine

Standardposition

Einstellungen: *Datenschutz/ Position*

Wenn die Positionsermittlung nicht erlaubt (oder möglich) ist, kann Windows stattdessen eine Standardposition verwenden, die Sie hier mit Hilfe einer Karte selbst festlegen können. Wenn Sie hier einen x-beliebigen Standort angeben, können Apps diese Information nutzen, ohne dass Sie jeweils Ihren tatsächlichen Standort preisgeben.

Empfehlung: Keine

Positionsverlauf

Einstellungen: *Datenschutz/ Position*

Im Positionsverlauf bewahrt Windows ermittelte Standortdaten ca. 24 Stunden lang auf. Apps können so nicht nur erfahren, wo Sie sich gerade aufhalten, sondern auch, wo Sie in der Zeit zuvor gewesen sind. Diese Funktion lässt sich nicht pauschal deaktivieren. Aber Sie können den Verlauf jederzeit *Löschen*. Ebenso wird er gelöscht, wenn der Rechner neu gestartet wird. Außerdem können Sie einzelnen Apps den Zugriff auf den Standortverlauf entziehen.

Standard: n.a. – Empfehlung: *Löschen*

Auswählen, welche Apps auf Ihren exakten Standort zugreifen dürfen.

Einstellungen: *Datenschutz/ Position*

Unter dieser Überschrift finden Sie eine Liste aller Apps, die auf diesem Rechner bislang Standortinformationen angefordert haben. Apps, die darüber hinaus Zugriff auf die Standorte der letzten 24 Stunden haben wollen, sind mit der Anmerkung *Verwendet den Positionsverlauf* gekennzeichnet. Sie können für jede App festlegen, ob diese auch weiterhin auf Standortdaten zugreifen darf. Leider lässt sich der Zugriff auf den Positionsverlauf nicht separat steuern. Sie können solche Apps also nur komplett von Positionsinformationen abschneiden.

Standard: *Ein* – Empfehlung: nur bei gewünschten Apps *Ein*

Geofence

Einstellungen: *Datenschutz/ Position*

Beim Geofence legt man bestimmte örtliche Bereiche fest, beispielsweise den Umkreis Ihres Hauses, Ihrer Arbeitsstelle, Ihres Supermarkts, Baumarkts usw. Apps können darauf reagieren, wenn Sie ein dermaßen gekennzeichnetes Gebiet betreten oder verlassen. So können Sie sich beispielsweise von Cortana beim Betreten des Supermarkt-Bereichs daran erinnern lassen, Milch zu kaufen.

Auch Apps im Bereich der Heimautomatisierung machen von Geofence Gebrauch, etwa um automatisch festzustellen, wann Bewohner das Haus verlassen bzw. heimkehren. Wenn Sie eine App mit Geofence-Funktionen verwenden, merken Sie das in der Regel, da Sie diese Bereiche selbst definieren müssen. Ansonsten können Sie in dieser Liste sehen, welche Apps Gebrauch von Geofence machen.

Standard: n.a. – Empfehlung: Keine

Zugriffe durch Apps kontrollieren

Ein weiterer datenschutz-relevanter Bereich ist der Zugriff auf Hardwarekomponenten wie Kamera, Mikrofon oder auch Kommunikationstechnik wie NFC. Diese sind auf verschiedene Untergruppen in der Rubrik *Datenschutz* der Einstellungen verteilt.

Zugriff auf die Kamera auf diesem Gerät zulassen

Einstellungen: *Datenschutz/ Kamera*

Diese Einstellungen gibt Ihnen die Möglichkeit, den Zugriff auf die Kamera grundsätzlich systemweit zu unterbinden. Das gibt Ihnen die Sicherheit, dass weder Windows selbst noch Apps oder Desktop-Anwendungen auf die Kamera zugreifen. Zugleich kann kein Benutzer (ohne Administratorrechte) diese Einstellung individuell für sich ändern.

Standard: *Ein* – Empfehlung: *Ein*

Zulassen, dass Apps auf Ihre Kamera zugreifen

Einstellungen: *Datenschutz/ Kamera*

Diese Einstellung legt fest, ob Apps die Kamera(s) Ihres PCs verwenden dürfen. Social-Media-Apps können häufig aus der App heraus Bilder aufnehmen und mit anderen teilen. Auch Apps zur Bildbearbeitung verfügen oftmals über eine eigene Aufnahmefunktion. Dies birgt immer die Gefahr, dass Apps ganz eigenständig Aufnahmen machen, ohne dass Sie dies bemerken. Falls Sie die Kamera Ihres Geräts nicht nutzen möchten, sollten Sie diese Einstellung abschalten. Sonst ist es besser, die Funktion aktiv zu lassen und zu kontrollieren, welchen Apps Sie Zugriff erlauben möchten.

Standard: *Ein* – Empfehlung: *Ein*

Auswählen, welche Apps auf Ihre Kamera zugreifen können

Einstellungen: *Datenschutz/ Kamera*

Hier finden Sie eine Liste der installierten Apps, die Zugriff auf die Kamera haben möchten. Für jede App können Sie diesen Zugriff ein- oder ausschalten. Nur eine App taucht hier nicht auf, nämlich die Kamera-App von Windows selbst. Sie darf immer auf die Kamera zugreifen, solange der Zugriff grundsätzlich mit der oberen Einstellung erlaubt ist.

Standard: *Ein* – Empfehlung: bei einzelnen Apps *Ein*

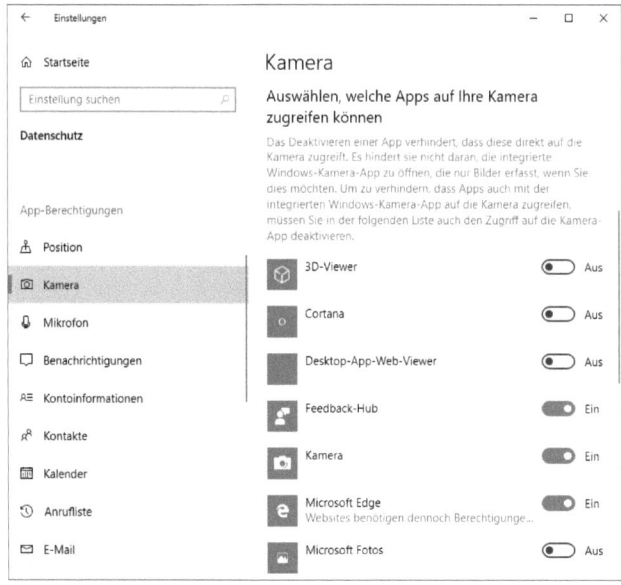

Zugriff auf das Mikrofon auf diesem Gerät zulassen

Einstellungen: *Datenschutz/ Mikrofon*

Diese Einstellungen gibt Ihnen die Möglichkeit, den Zugriff auf das Mikrofon grundsätzlich systemweit zu unterbinden. Das gibt Ihnen die Sicherheit, dass beispielsweise weder Windows selbst noch Apps oder Desktop-Anwendungen auf Ihr Mikrofon zugreifen können. Und zugleich kann kein Benutzer (ohne Administratorrechte) diese Einstellung individuell für sich ändern.

Standard: *Ein* – Empfehlung: *Ein*

Zulassen, dass Apps auf Ihr Mikrofons zugreifen

Einstellungen: *Datenschutz/ Mikrofon*

Diese Einstellung legt fest, ob Apps das in Ihrem PC verbaute Mikrofon verwenden dürfen oder nicht. Die Bedeutung entspricht dem Prinzip der Kamera-Einstellungen, also hier global der Zugriff auf das Mikrofon, darunter die einzelnen Apps, die darauf zugreifen möchten.

Standard: *Ein* – Empfehlung: Keine

Auswählen, welche Apps auf das Mikrofon zugreifenkönnen

Einstellungen: *Datenschutz/ Mikrofon*

Hier finden Sie eine Liste der installierten Apps, die Zugriff auf das Mikrofon haben möchten. Für jede App können Sie diesen Zugriff ein- oder ausschalten.

Standard: *Ein* – Empfehlung: bei einzelnen Apps *Ein*

Zugriff auf Benutzerbenachrichtigungen auf diesem Gerät zulassen

Einstellungen: *Datenschutz/ Benachrichtigungen*

Diese Einstellung ist vor allem bei Geräten mit mehr als einem Benutzer interessant. Sie steuert, ob die einzelnen Benutzer einstellen dürfen, welche Apps Zugriffe auf ihre Benachrichtigungen haben sollen. Ist die Option ausgeschaltet, können weder Windows noch Apps auf Benachrichtigungen zugreifen. Hinweis: Trotzdem werden dem Benutzer Benachrichtigungen selbstverständlich weiterhin angezeigt.

Standard: *Ein* – Empfehlung: *Aus*

Zugriff auf Ihre Benachrichtigungen durch Apps zulassen

Einstellungen: *Datenschutz/ Benachrichtigungen*

Benachrichtigungen, die Windows im Infocenter anzeigt, können auch von Apps mitgelesen werden, die so auf bestimmte Nachrichten reagieren können. Beispielsweise könnte eine App bei einem Hinweis auf Speicherknappheit automatische Laufwerke bereinigen. Andererseits eröffnet das die Möglichkeit, Informationen „mitzuschneiden". Deshalb bietet es sich an, diese Funktion zu deaktivieren oder auf Apps zu begrenzen, die Sie ausdrücklich zulassen möchten.

Standard: *Ein* – Empfehlung: *Aus*

Apps auswählen, die Zugriff auf Ihre Benachrichtigungen haben

Einstellungen: *Datenschutz/ Benachrichtigungen*

Diese Liste umfasst alle installierten Apps, die Benachrichtigungen mitlesen möchte. Es empfiehlt sich dringend, hier alle Apps auszuschalten, bei denen Sie dafür keinen sinnvollen Grund erkennen.

Standard: *Ein* – Empfehlung: bei einzelnen Apps *Ein*

Zugriff auf Kontoinformationen auf diesem Gerät zulassen

Einstellungen: *Datenschutz/ Kontoinformationen*

Diese Einstellungen gibt Ihnen die Möglichkeit, Zugriff auf Informationen zu Ihrem Microsoft-Konto grundsätzlich zu unterbinden. Das gibt Ihnen die Sicherheit, dass beispielsweise weder Windows selbst noch Apps oder Desktop-Anwendungen darauf zugreifen können. Und zugleich kann kein Benutzer (ohne Administratorrechte) diese Einstellung individuell für sich ändern.

Standard: *Ein* – Empfehlung: *Aus*

Zugriff auf Ihre Kontoinformationen durch Apps zulassen

Einstellungen: *Datenschutz/ Kontoinformationen*

Wenn Sie diese Funktion einschalten, können Apps von Ihrem Microsoft-Konto - sofern Sie eines verwenden und nicht nur lokal angemeldet sind - beispielsweise Ihren Namen, Ihr Benutzerbild und andere Daten wie etwa Ihr Alter abrufen.

Standard: *Ein* – Empfehlung: *Aus*

Apps auswählen, die Zugriff auf die Kontoinformationen haben

Einstellungen: *Datenschutz/ Kontoinformationen*

Hier werden die installierten Apps aufgeführt, die Zugriff auf Ihre Kontodaten haben möchten. Für jede dieser Apps können Sie festlegen, ob Sie dies erlauben möchten oder nicht.

Standard: *Ein* – Empfehlung: bei einzelnen Apps *Ein*

Zugriff auf Kontakte auf diesem Gerät zulassen

Einstellungen: *Datenschutz/ Kontakte*

Diese Einstellungen gibt Ihnen die Möglichkeit, den Zugriff auf Ihre Kontakte grundsätzlich systemweit zu unterbinden. Das gibt Ihnen die Sicherheit, dass beispielsweise weder Windows selbst noch Apps oder Desktop-Anwendungen darauf zugreifen können. Und zugleich kann kein Benutzer (ohne Administratorrechte) diese Einstellung individuell für sich ändern.

Standard: *Ein* –Empfehlung: *Ein*

Zulassen, dass Apps auf Ihre Kontakte zugreifen

Einstellungen: *Datenschutz/ Kontakte*

Wenn Sie diese Funktion einschalten, können Apps Zugriff auf die Daten Ihrer Kontaktpartner anfordern.

Wenn Sie die Windows-eigene Kontaktverwaltung nicht nutzen, ist diese Einstellung belanglos. Ansonsten ist es sinnvoller, die Funktion aktiv zu lassen und stattdessen zu steuern, welchen Apps Sie Zugriff auf Ihre Kontaktedaten erlauben möchten.

Standard: *Ein* – Empfehlung: *Ein*

Auswählen, welche Apps auf Ihre Kontakte zugreifen können

Einstellungen: *Datenschutz/ Kontakte*

Der Zugriff auf Kontakte lässt sich nicht pauschal deaktivieren. Hier bleibt nur die Liste der installierten Apps, die auf Kontaktdaten zugreifen möchten. Darin können Sie jeder App einzeln den Zugriff verweigern.

Standard: *Ein* – Empfehlung: bei einzelnen Apps *Ein*

Zugriff auf Kalender auf diesem Gerät zulassen

Einstellungen: *Datenschutz/ Kalender*

Diese Einstellungen gibt Ihnen die Möglichkeit, den Zugriff auf Ihren Kalender grundsätzlich zu unterbinden. Das gibt Ihnen die Sicherheit, dass weder Windows noch Apps oder Desktop-Anwendungen darauf Zugriff haben. Und zugleich kann kein Benutzer (ohne Administratorrechte) diese Einstellung individuell für sich ändern.

Standard: *Ein* – Empfehlung: *Aus*

Zulassen, dass Apps auf Ihren Kalender zugreifen

Einstellungen: *Datenschutz/ Kalender*

Wenn Sie diese Funktion einschalten, können Apps Zugriff auf Ihre Termine anfordern. Wenn Sie den Windows-eigenen Kalender nicht nutzen, ist diese Einstellung belanglos. Ansonsten ist es sinnvoller, die Funktion aktiv zu lassen und stattdessen zu steuern, welchen Apps Sie Zugriff auf Ihre Termine erlauben möchten.

Standard: *Ein* – Empfehlung: *Aus*

Auswählen, welche Apps auf Ihren Kalender zugreifen können

Einstellungen: *Datenschutz/ Kalender*

Hier werden die installierten Apps aufgeführt, die Zugriff auf Ihre Termine haben möchten. Für jede dieser Apps können Sie festlegen, ob Sie dies erlauben möchten oder nicht.

Standard: *Ein* – Empfehlung: bei einzelnen Apps *Ein*

Zugriff auf den Anrufverlauf auf diesem Gerät zulassen

Einstellungen: *Datenschutz/ Anrufliste*

Diese Einstellungen gibt Ihnen die Möglichkeit, den Zugriff auf Ihre Anrufliste grundsätzlich systemweit zu unterbinden. Das gibt Ihnen die Sicherheit, dass beispielsweise weder Windows selbst noch Apps oder Desktop-Anwendungen darauf zugreifen können. Und zugleich kann kein Benutzer (ohne Administratorrechte) diese Einstellung individuell für sich ändern.

Standard: *Ein* – Empfehlung: *Aus*

Zugriffe auf Ihren Anrufverlauf durch Apps zulassen

Einstellungen: *Datenschutz/ Anrufliste*

Mit dieser Funktion können Apps Zugriff auf die Liste Ihre durchgeführten und erhaltenen Anrufe erlangen. Wenn Sie mit Ihrem PC ohnehin nicht telefonieren (auch nicht Skypen), ist diese Einstellung belanglos. Ansonsten ist es sinnvoller, die Funktion zu deaktivieren, da die zum Telefonieren verwendeten Apps meist eine eigene Historie führen. Nur wenn Sie zum Telefonieren mehrere Apps im Wechseln nutzen, kann es sinnvoll sein, dies zu erlauben und mit den nachfolgenden Einstellungen auf die verwendeten Apps beschränken.

Standard: *Ein* – Empfehlung: *Aus*

Auswählen, welche Apps auf Ihren Anrufverlauf zugreifen dürfen

Einstellungen: *Datenschutz/ Anrufliste*

Hier werden die installierten Apps aufgeführt, die Zugriff auf Ihre Anrufliste haben möchten. Für jede dieser Apps können Sie festlegen, ob Sie dies erlauben möchten oder nicht.

Standard: *Ein* – Empfehlung: bei einzelnen Apps *Ein*

Zugriff auf E-Mail auf diesem Gerät zulassen

Einstellungen: *Datenschutz/ E-Mail*

Diese Einstellungen gibt Ihnen die Möglichkeit, den Zugriff auf Ihre Mails systemweit zu unterbinden. Das gibt Ihnen die Sicherheit, dass beispielsweise weder Windows noch Apps oder Desktop-Anwendungen darauf Zugriff haben. Und zugleich kann kein Benutzer (ohne Administratorrechte) diese Einstellung individuell für sich ändern.

Standard: *Ein* – Empfehlung: *Aus*

Zulassen, dass Apps auf Ihre Mails zugreifen

Einstellungen: *Datenschutz/ E-Mail*

Ist diese Funktion eingeschalten, dürfen Apps auf Ihre E-Mail Zugriff nehmen und auch selbst E-Mails versenden. Wenn Sie anstelle der Windows-eigene

Mail-App eine andere E-Mail-Anwendung nutzen, ist diese Einstellung belanglos. Dann können Sie sie eingeschaltet lassen, damit andere Apps bei Bedarf Mails versenden können. Sie können dann unten steuern, welchen Apps Sie das erlauben möchten.

Standard: *Ein* – Empfehlung: *Aus*

Auswählen, welche Apps auf Ihre E-Mail zugreifen können

Einstellungen: *Datenschutz/ E-Mail*

Hier werden alle installierten Apps aufgeführt, die Zugriff auf Mails haben bzw. selbst E-Mails versenden möchten. Für jede dieser Apps können Sie festlegen, ob Sie das erlauben möchten oder nicht.

Standard: *Ein* – Empfehlung: bei einzelnen Apps *Ein*

Zugriff auf Aufgaben auf diesem Gerät zulassen

Einstellungen: *Datenschutz/ Kontakte*

Mit dieser Einstellung können Sie den Zugriff auf Aufgaben systemweit unterbinden. Das gibt Ihnen die Sicherheit, dass beispielsweise weder Windows selbst noch Apps oder Desktop-Anwendungen darauf zugreifen können. Und zugleich kann kein Benutzer (ohne Administratorrechte) diese Einstellung individuell für sich ändern.

Standard: *Ein* – Empfehlung: *Aus*

Zulassen, dass Apps auf Ihre Aufgaben zugreifen

Einstellungen: *Datenschutz/ Aufgaben*

Wenn Sie diese Funktion einschalten, können Apps Zugriff auf Ihre Aufgaben anfordern. Wenn Sie den Windows-eigenen Kalender nicht nutzen, ist diese Einstellung belanglos. Ansonsten ist es sinnvoller, die Funktion aktiv zu lassen und stattdessen zu steuern, welchen Apps Sie Zugriff auf Ihre Aufgaben erlauben möchten.

Standard: *Ein* – Empfehlung: *Aus*

Auswählen, welche Apps auf Ihre Aufgaben zugreifen können

Einstellungen: *Datenschutz/ Aufgaben*

Hier werden alle installierten Apps aufgeführt, die Zugriff auf Aufgaben haben bzw. selbst Aufgaben erstellen möchten. Für jede dieser Apps können Sie festlegen, ob Sie das erlauben möchten oder nicht.

Standard: *Ein* – Empfehlung: bei einzelnen Apps *Ein*

Zugriff auf Messaging auf diesem Gerät zulassen

Einstellungen: *Datenschutz/ Messaging*

Unter Messaging versteht Windows 10 das Lesen und Senden von SMS oder MMS. Deshalb ist diese Funktion nur bei Geräten relevant, die über die entsprechende Hardware (GSM-Modul und SIM-Karte) verfügen.

Diese Einstellungen gibt Ihnen die Möglichkeit, den Zugriff auf Ihre SMS/MMS grundsätzlich systemweit zu unterbinden. Das gibt Ihnen die Sicherheit, dass beispielsweise weder Windows selbst noch Apps oder Desktop-Anwendungen darauf zugreifen können. Und zugleich kann kein Benutzer (ohne Administratorrechte) das individuell für sich ändern.

Standard: *Ein* – Empfehlung: *Aus*

Zulassen, das Apps Nachrichten lesen oder senden

Einstellungen: *Datenschutz/ Messaging*

Hiermit können Sie den Zugriff von Apps auf diese Funktionen pauschal blockieren. Das empfiehlt sich in jedem Fall, wenn Ihr Rechner dazu zwar in der Lage ist, Sie dies aber nicht nutzen möchten.

Standard: *Ein* – Empfehlung: *Aus*

Auswählen, welche Apps Nachrichten lesen oder senden können

Einstellungen: *Datenschutz/ Messaging*

Diese Liste umfasst alle installierten Apps, die SMS- oder MMS-Nachrichten lesen oder schreiben möchten. Es empfiehlt sich dringend, hier alle Apps auszuschalten, mit denen Sie nicht SMS oder MMS lesen und schreiben möchten.

Standard: *Ein* – Empfehlung: bei einzelnen Apps *Ein*

Zugriff auf die Funktechnik auf diesem Gerät zulassen

Einstellungen: *Datenschutz/ Funktechnik*

Unter Funktechnik sind drahtlose Technologien im Nahbereich wie Bluetooth und NFC zu verstehen. Mit dieser Option legen Sie fest, ob Apps auf diesem Gerät solche Technologien grundsätzlich nutzen dürfen. Ist die Option ausgeschaltet, wird dies unterbunden. Andernfalls können Sie weiter unten in der App-Liste genau festlegen, welche App zugreifen darf und welche nicht.

Standard: *Ein* – Empfehlung: *Aus*

Zulassen, dass Apps die Funktechnik des Geräts steuern

Einstellungen: *Datenschutz/ Funkempfang*

Bluetooth & Co. können nach Bedarf ein- oder ausgeschaltet werden, was üblicherweise dem Nutzer überlassen bleibt. Windows ermöglicht es aber auch Apps, den Bluetooth-Status zu steuern, beispielsweise um mit anderen Geräten Kontakt aufnehmen zu können. Wenn Sie das nicht möchten, können Sie ausschalten. Alternativ lassen Sie die Option aktiviert und kontrollieren mit der Liste darunter, welche Apps dazu berechtigt sind.

Standard: *Ein* – Empfehlung: *Aus*

Apps auswählen, die den Funkempfang steuern können

Einstellungen: *Datenschutz/ Funkempfang*

Hier sind alle installierten Apps aufgeführt, die Funktionen zum Steuern des Funkempfangs enthalten. Mit dem Schalter an jedem Eintrag können Sie diese Berechtigung für jede App einzeln zulassen oder ablehnen. Auch *Windows* selbst ist hier eingetragen. Ist dessen Eintrag auf *Ein* gestellt, kann Windows selbst jederzeit den Funkstatus verändern.

Standard: *Ein* – Empfehlung: bei einzelnen Apps *Ein*

Mit nicht gekoppelten Geräten kommunizieren

Einstellungen: *Datenschutz/ Weitere Geräte*

Neben WLAN und Bluetooth können Geräte weitere Drahtlostechnologien verwenden, die keine ausdrückliche Anmeldung erfordern, beispielsweise Near Field Communication (NFC). Wenn Sie diese Technologie nicht einsetzen, sollten Sie diese Funktion grundsätzlich deaktivieren.

Standard: *Ein* – Empfehlung: *Aus*

Apps auswählen, die mit Geräten kommunizieren können

Einstellungen: *Datenschutz/ Weitere Geräte*

Hinter diesem Link verbirgt sich eine Liste aller installierten Apps, die Drahtlostechniken wie NFC verwenden möchten. So können Sie den Einsatz dieser Technologie auf solche Apps begrenzen, bei denen Sie dies ausdrücklich wünschen.

Standard: *Ein* – Empfehlung: bei einzelnen Apps *Ein*

Vertrauenswürdige Geräte verwenden

Einstellungen: *Datenschutz/ Weitere Geräte*

Eine weitere Möglichkeit ist die Liste der vertrauenswürdigen Geräte. Hier werden alle entsprechenden Geräte, zu denen schon mal eine Verbindung bestand, aufgeführt. Ggf. werden außerdem die Dienste aufgelistet, die das jeweilige Gerät bereitstellt. So können Sie genau steuern, welche Funktionen bei welchem Gerät erlaubt sind. Dies muss allerdings regelmäßig kontrolliert werden, da die Standardeinstellung für neue Geräte und deren Dienste immer *Ein* ist.

Standard: *Ein* – Empfehlung: *Aus*

Schnüffeleien durch Apps vermeiden

Nicht nur Windows selbst schnüffelt gerne. Auch Apps und deren Entwickler wollen möglichst viel über ihre Nutzer erfahren. Teilweise lässt sich das in den Einstellungen der Apps selbst verhindern, wenn man Glück hat. Aber auch Windows bietet Möglichkeiten, die Neugier von Apps zu bezähmen.

Ausführung von Apps im Hintergrund zulassen

Einstellungen: *Datenschutz/ Hintergrund-Apps*

Grundsätzlich kann jede App im Hintergrund laufen, wenn der Entwickler sie entsprechend gestaltet hat. Allerdings kann Windows dies unterbinden. Apps werden dann grundsätzlich angehalten, wenn Sie vom Benutzer nicht aktiv im Vordergrund angezeigt und genutzt werden. Mit dieser Einstellung steuern Sie grundlegend, ob Windows Apps im Hintergrund ausführen darf oder nicht. Es ist verführerisch, dies einfach pauschal zu deaktivieren, insbesondere da man dadurch noch Energie sparen kann. Allerdings werden einige Apps dann nicht mehr oder nur noch teilweise funktionieren. Apps beispielsweise im Bereich Messaging, Nachrichten oder Wetter sind nun mal darauf angewiesen, im Hintergrund regelmäßig aktuelle Daten abzurufen. Besser ist es deshalb, diese Option eingeschaltet zu lassen und stattdessen mit der nachfolgenden Einstellung festzulegen, welche Apps im Hintergrund aktiv sein dürfen.

Standard: *Ein* – Empfehlung: *Ein*

Wählen Sie aus, welche Apps im Hintergrund ausgeführt werden dürfen

Einstellungen: *Datenschutz/ Hintergrund-Apps*

In dieser Liste sind alle installierten Apps aufgeführt, die im Hintergrund Daten übermitteln. An jedem Eintrag finden Sie einen Schalter, mit dem Sie diese Funktion für diese App ausschalten können. Gehen Sie die Liste durch und schalten Sie alle Apps auf *Aus*, bei denen Sie sich von Hintergrundaktivitäten keinen Vorteil versprechen. Sollte es anschließend bei einzelnen Apps zu Problemen oder Fehlermeldungen kommen, können Sie die App hier einfach wieder aktivieren. Ohnehin sollten Sie die Liste von Zeit zu Zeit kontrollieren, da neue Apps immer mit der Standardeinstellung *Ein* hinzugefügt werden.

Empfehlung: Nur Apps aktivieren, von denen Sie zeitnahe Hinweise auf neue Mitteilungen oder Informationen erwarten.

Zugriff auf App-Diagnoseinformationen auf diesem Gerät zulassen

Einstellungen: *Datenschutz/ App-Diagnose*

Manche Apps möchten Zugriff auf die zahlreichen Diagnosedaten haben, die Windows erfasst und speichert. Mit dieser Einstellung schalten Sie die Schnittstelle dafür ab, was unbedingt empfehlenswert ist. Einzige Ausnahme: Sie haben Apps installiert, die ausdrücklich auf diese Daten zugreifen sollen, etwa um das System zu überwachen und zu optimieren. Dann muss diese Option eingeschaltet sein. Allerdings sollten Sie dann die nachfolgende Einstellung nutzen, um den Zugriff genau auf diese Apps zu beschränken.

Standard: *Ein* – Empfehlung: *Aus*

Apps den Zugriff auf Diagnoseinformationen über Ihre anderen Apps erlauben

Einstellungen: *Datenschutz/ App-Diagnose*

Eine besondere Variante sind Apps, die Diagnosedaten nicht nur über Windows und sich selbst sondern auch zu anderen Apps einsammeln möchten. Auch hier gilt: Standardmäßig sollte das nicht zulässig sein. Es sei denn, Sie nutzen ausdrücklich eine App, die genau das tun soll. Dann muss diese Option eingeschaltet und die betreffende Apps in der Liste darunter aktiviert werden.

Standard: *Ein* – Empfehlung: *Aus*

Auswählen, welche Apps auf Diagnoseinformationen über andere Apps zugreifen können

Einstellungen: *Datenschutz/ App-Diagnose*

Hier finden Sie eine Liste der installierten Apps, die auf Diagnoseinformationen zugreifen können. Stellen Sie sicher, dass nur solche Apps auf *Ein* stehen, bei denen Sie dies ausdrücklich wünschen. Sollte die Liste leer sein, umso besser. Dann ist bislang keine entsprechende App installiert. In dem Fall sollte die Einstellung oben ganz *Aus* geschaltet werden.

Empfehlung: Nur Apps aktivieren, von denen Sie sich konkret Hilfe bei der Überwachung und/oder Optimierung Ihres PCs erwarten

Automatische Dateidownloads

Einstellungen: *Datenschutz/ Automatische Datei-downloads*

Grundsätzlich erlaubt Windows es Apps, auf Cloud-Speicher wie OneDrive zuzugreifen, um dort Dateien zu lesen oder zu speichern. Allerdings erhalten Sie in diesem Fall eine Benachrichtigung über das Infocenter am rechten Bildschirmrand. Hier können Sie den Zugriff ablehnen und diese App dauerhaft dafür sperren. Solche Apps tauchen hier in der Liste auf, falls Sie die Sperre später wieder aufheben möchten.

Empfehlung: Sperren nur aufheben, wenn Sie einer App ausdrücklich den Zugriff auf Online-Speicher gestatten möchten.

Dokumente, Bilder, Videos und Dateisystem

Seit dem April 2018-Update neu hinzugekommen sind vier Unterrubriken der Datenschutzeinstellungen, die sich den Themenbereichen *Dokumente, Bilder, Videos* sowie *Dateisystem* widmen und somit den Zugriff von Apps auf diese Elemente begrenzen

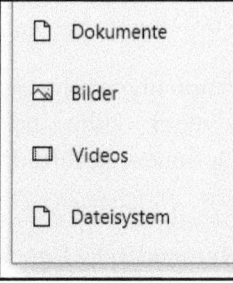

können. Die Einstellungen für alle vier Bereiche sind gleich, deshalb stelle ich nur die Einstellungen für Dokumente beispielhaft vor:

▷ Ganz oben stellen Sie ein, ob die Benutzer dieses Gerätes eigenen Einstellungen für den Zugriff von Apps auf die Bibliotheken wählen dürfen. Andernfalls wird der Zugriff für Apps systemweit blockiert. Die weiteren Optionen auf dieser Seite sind dann auch nicht mehr zugänglich.

▷ Wenn der Zugriff oben grundsätzlich erlaubt ist, kann jeder Anwender darunter mit der Option *Apps den Zugriff auf Ihre Dokumentbibliothek erlauben* festlegen, ob Apps grundsätzlich Zugriff auf die Bibliothek Ihrer Dokumente haben sollen.

Apps den Zugriff auf Ihre Dokumentbibliothek erlauben

Wenn Sie den Zugriff zulassen, können Sie mithilfe der Einstellungen auf dieser Seite auswählen, welche Apps auf Ihre Dokumentbibliothek zugreifen können. Wenn Sie den Zugriff verweigern, wird der Zugriff auf Ihre Dokumentbibliothek für Apps blockiert, die im Microsoft Store unter Windows 10 verfügbar sind.

◉ Ein

▷ Darunter finden Sie eine Liste der Apps, die bislang Zugriff auf Dokumente genommen haben. Standardmäßig erlaubt Windows dies, wenn die Option oben entsprechend gesetzt ist. Sie können aber hier einzelnen Apps das Zugriffsrecht nachträglich wieder entziehen, indem Sie den zu dieser App gehörenden Schalter auf *Aus* stellen.

Apps auswählen, die Zugriff auf Ihre Dokumentbibliothek haben

Einige Apps benötigen Zugriff auf Ihre Dokumentbibliothek, damit sie bestimmungsgemäß funktionieren. Wenn Sie eine App hier deaktivieren, schränken Sie möglicherweise deren Funktionsumfang ein.

 App-Installer ◉ Aus

Feedback-Hub ◉ Aus

OneNote ◉ Ein

Sprachrekorder ◉ Ein

Windows Defender Security Center ◉ Ein

Datenschutzlücken in der Oberfläche schließen

Ja, es gibt auch Datenschutzlücken in der Windows-Oberfläche. Der Sperrbildschirm ist ein Zwitterwesen, das einerseits den PC vor unerwünschten Zugriffen schützen soll, andererseits dem Benutzer wichtige Informationen zukommen lassen möchte, ohne dass dieser jedes Mal das Gerät entsperren muss. Und dieser Spagat zwischen Schutz und Komfort kann schiefgehen. Denn was auf dem Sperrbildschirm angezeigt wird, ist unter Umständen eben nicht nur dem berechtigten Benutzer zugänglich.

Benachrichtigungen auf dem Sperrbildschirm anzeigen

Einstellungen: *System/ Benachrichtigungen und Aktionen*

Diese Einstellung ist insofern problematisch, als der Sperrbildschirm von jedem angezeigt werden kann. Wenn Sie Ihren PC gesperrt eingeschaltet lassen und er währenddessen neue Nachrichten empfängt, werden Benachrichtigungen auf dem Sperrbildschirm angezeigt. Jeder der physischen Zugang zu Ihrem PC hat, kann diese einsehen und somit beispielsweise den Betreff einer eingegangenen E-Mail oder SMS oder auch die Beschreibung eines anstehenden Termins lesen. Wenn Sie dies vermeiden möchten, sollten Sie diese Einstellung deaktivieren.

Standard: *Ein* – Empfehlung: *Aus*

Erinnerungen und eingehende VoIP-Anrufe auf dem Sperrbildschirm anzeigen

Einstellungen: *System/ Benachrichtigungen und Aktionen*

Genau wie bei der vorangehend beschriebenen Einstellung kann das dazu führen, dass Ihr gesperrter PC Informationen anzeigt, die von anderen Personen in Ihrer Abwesenheit gelesen werden können. Diese können so erfahren, was für Termine Sie haben oder von wem Sie in Abwesenheit Anrufe erhalten. Wenn Sie dies vermeiden möchten, sollten Sie diese Einstellung deaktivieren.

Standard: *Ein* – Empfehlung: *Aus*

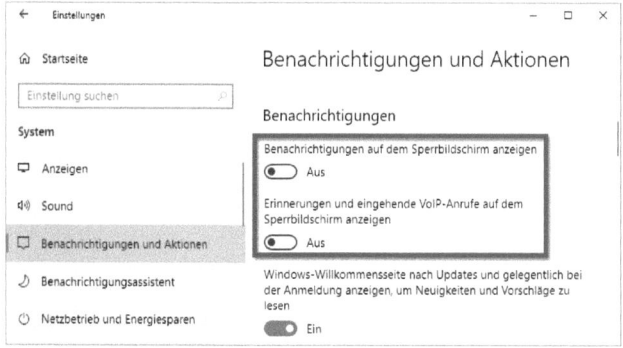

App zum Anzeigen ausführlicher Statusinfos auswählen

Einstellungen: *Personalisierung/ Sperrbildschirm*

Mit dieser Einstellung bestimmen Sie eine App, die auf dem Sperrbildschirm nicht nur ein Symbol, sondern ausführlichere Informationen anzeigen darf. Ist dies beispielsweise Ihr Kalender oder Facebook, kann es dazu führen, dass persönliche Informationen angezeigt werden. Die kann jeder einsehen, denn selbst ein abgeschalteter Bildschirm lässt sich mit einfachem Tastendruck zum Leben erwecken. Dann werden der Sperrbildschirm - und mit ihm die Informationen - angezeigt. Wenn Sie diesbezüglich Bedenken haben, sollten Sie hier also *Kein* oder alternativ eine App wie *Wetter* wählen, deren Anzeige datenschutzmäßig unproblematisch ist.

Standard: *Kalender* – Empfehlung: *Keiner*

4. Datenschutz im Edge-Browser

Eine wichtige Rolle für den Datenschutz spielt auch der mit Windows 10 ausgelieferte Edge-Webbrowser. Er verwendet eine ganze Reihe von Funktionen, die für mehr Komfort sorgen, zu diesem Zweck allerdings insbesondere die von Ihnen verwendeten Webadressen und Suchbegriffe an Microsoft übermitteln.

Hinweis: Die hier beschriebenen Einstellungen beziehen sich ausschließlich auf den Edge-Browser von Microsoft. Wenn Sie einen anderen Webbrowser verwenden, haben diese Optionen darauf keine Wirkung. Andere Webbrowser verwenden teilweise ähnliche Funktionen:

▷ Chrome etwa übermittelt Informationen an Google, sofern man dies nicht ausdrücklich unterbindet.

▷ Firefox ist von Hause aus recht schweigsam, aber selbst hier gibt es Funktionen wie etwa Suchvorschläge bei der Eingabe im Suchfeld, für die Ihre Eingaben an die eingestellte Suchmaschine übermittelt werden.

Privacy-Einstellungen in Edge

Das Verhalten von Edge kann man in den Einstellungen über eine ganze Reihe von Optionen beeinflussen:

1. Klicken Sie hierzu auf das Menü-Symbol oben rechts.

2. Wählen Sie dann im Menü den Eintrag *Einstellungen* aus.

3. Hier finden Sie rechts eine Übersicht der Rubriken, wo Sie die meisten der folgenden Optionen unter *Datenschutz und Sicherhehit* finden.

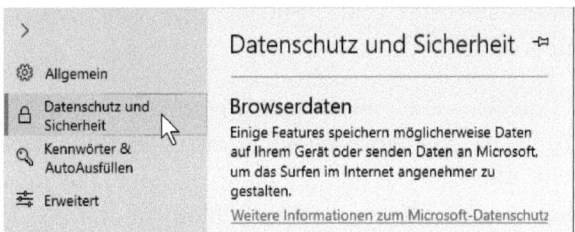

4. Weitere wichtige Einstellungen finden Sie außerdem in der Rubrik *Kennwörter & AutoAusfüllen*.

Cookies

Edge-Browser: *Einstellungen/Datenschutz und Sicherheit*

Cookies sind kleine Datenspuren, die Websites in winzigen Dateien auf Ihrem PC hinterlassen können. Anhand deren können Sie bei zukünftigen Besuchen gleich wiedererkannt werden. Das klingt nach völliger Überwachung, hat aber auch angenehme Nebeneffekte, etwa dass Sie beim Besuch von Onlineforen automatisch wiedererkannt werden, ohne jedes Mal Benutzername und Kennwort eintippen zu müssen. Wer darauf verzichten kann, sollte allerdings *Alle Cookies blockieren* wählen. Die Einstellung *Nur Cookies von Drittanbietern blockieren* ist ein Kompromiss, beim dem Cookies von der eigentlich besuchten Seite zugelassen werden, solche die etwa durch eingebettet Werbung verursacht werden, aber blockiert bleiben.

Standard: *Keine Cookies blockieren* – Empfehlung: *Alle Cookies blockieren*

Medienlizenzen

Edge-Browser: *Einstellungen/Datenschutz und Sicherheit*

Wenn Sie im Webbrowser Musik oder Videofilme zum Streamen käuflich erwerben, kann diese Information in Form einer Lizenzdatei auf Ihrem PC gespeichert werden. Dadurch können Sie die einmal gekauften Inhalte auch später jederzeit wieder abrufen. Problematisch ist, dass damit auch das Platzieren einer eindeutigen ID auf Ihrem Rechner einhergeht, mit der Sie vom selben Anbieter oder dessen Netzwerk jederzeit wieder erkannt werden können. Wenn Sie diese Option deaktivieren, können Sie also auf diese Weise keine Käufe mehr tätigen und auch bereits auf diese Weise gekaufte Streaming-Inhalte nicht mehr nutzen. Andererseits: Wenn Sie ohnehin keine Streamingkäufe im Webbrowser tätigen, sollten Sie die Option in jedem Fall deaktivieren.

Standard: *Ein* – Empfehlung: *Aus*

„Do Not Track"-Anforderungen (nicht nachverfolgen) senden

Edge-Browser: *Einstellungen/Datenschutz und Sicherheit*

Mit „Do not track" signalisiert Ihr Webbrowser den Betreibern von Websites, dass Sie nicht mittels Cookies und anderen ID-Tricks identifiziert und nachverfolgt werden möchten. Ob sich die Betreiber daran halten oder diese Vorgabe einfach ignorieren, bleibt aber denen überlassen, denn das Prinzip basiert auf Freiwilligkeit. In jedem Fall kann es nicht schaden, diese Option aktiviert zu lassen.

Standard: *Ein* – Empfehlung: *Ein*

Such- und Websitevorschläge während der Eingabe anzeigen

Edge-Browser: *Einstellungen/Datenschutz und Sicherheit*

Wenn Webadresse oder Suchbegriffe beim Eintippen automatisch ergänzt werden, ist an sich ganz praktisch. Oft spart das viel Tipparbeit und manchmal ergibt sich die Antwort auf eine Frage schon alleine aus diesen Suchvorschlägen, so dass man die eigentliche Suche gar nicht mehr durchzuführen braucht. Aber diese Vorschläge kommen von der eingestellten Suchmaschine (siehe oben) und bedeuten, dass jeder Ihrer Eingaben im Adress- und Suchfeld umgehend an eben diese übermittelt wird. Ich persönlich möchte trotzdem nicht darauf verzichten, aber wer es mit Datenschutz absolut ernst meint, sollte das wohl tun.

Standard: *Ein* – Empfehlung: *Aus*

Suchverlauf anzeigen

Edge-Browser: *Einstellungen/Datenschutz und Sicherheit*

Der Suchverlauf sorgt dafür, dass Ihnen beim Eintippen von Suchbegriffen ins Adress- und Suchfeld automatisch Vorschläge zur Vervollständigung basierend auf früher verwendeten Suchbegriffen gemacht werden. Das ist vor allem ein Problem, wenn Sie den PC mit anderen teilen oder gelegentlich gemeinsam mit anderen Personen nutzen. Diese können so unter Umständen von Suchbegriffen erfahren, die Sie in der Vergangenheit verwendet haben. Wenn Sie das um jeden Preis vermeiden möchten, sollten Sie diese Komfortfunktion deaktivieren. Alternativ können Sie regelmäßig den *Bing-Suchverlauf löschen*.

Standard: *Ein* – Empfehlung: *Ein*

Seitenvorhersage verwenden

Edge-Browser: *Einstellungen/Datenschutz und Sicherheit*

Mit der Seitenvorhersage versucht der Browser zu ahnen, welche Webseiten Sie als nächste aufrufen. Die lädt er im Hintergrund, so dass sie sofort angezeigt werden können, wenn Sie sie denn tatsächlich abrufen. Das Problem ist, dass die Analyse nicht lokal erfolgt, sondern die aktuelle Webseite an Microsoft übermittelt wird. Dort wird sie analysiert und dem Browser dann zurückübermittelt, welche Seiten er im Hintergrund laden soll.

Standard: *Ein* – Empfehlung: *Aus*

Windows Defender SmartScreen

Edge-Browser: *Einstellungen/Datenschutz und Sicherheit*

Der SmartScreen-Filter warnt Sie, wenn Sie Webseiten aufrufen, die dafür bekannt sind, schädliche Inhalte bis hin zu Malware zu verbreiten. Dafür wird aber jeder Ihrer Seitenaufrufe an Microsoft übermittelt, da der SmartScreen-Filter nicht lokal im Browser tätig ist, sondern ein Cloud-Dienst. Wer dessen Schutz in Anspruch nehmen möchte, muss also mit seinen Daten bezahlen. Trotzdem halte ich diese Funktion insbesondere bei weniger versierten Internetnutzern für einen hilfreichen Schutz, der diesen Preis wert ist und würde eher dazu raten, sie eingeschaltet zu lassen.

Standard: *Ein* – Empfehlung: *Ein*

Kennwörter speichern

Edge-Browser: *Einstellungen/ Kennwörter & AutoAusfüllen*

Das Speichern von Kennwörtern ist eine Komfortfunktion und als solche nicht ganz unproblematisch. Wenn jemand anderes Zugang zu Ihrem PC und Ihrer Windows-Anmeldung erlangt, kann er sich so in Ihrem Namen bei Webangeboten anmelden. Wenn Sie ein Microsoft-Konto verwenden und das Synchronisieren von Kennwörtern nicht deaktiviert haben, werden Ihre Kennwörter außerdem an Microsoft-Server übermittelt. Wichtig: Wenn Sie das Speichern von Kennwörtern deaktivieren, werden die bislang gemerkten Passwörter nicht automatisch gelöscht. Das müssen Sie manuell erledigte, indem Sie auf *Meine gespeicherten Kennwörter klicken* und in der so geöffneten Liste alle Einträge entfernen.

Standard: *Ein* – Empfehlung: *Aus*

Formulardaten speichern

Edge-Browser: *Einstellungen/ Kennwörter & AutoAusfüllen*

Mit den Formulareinträgen auf Webseiten verhält es sich ganz ähnlich wie mit den Kennwörtern. Edge kann diese speichern, damit Sie beispielsweise Ihre Adresse nicht immer wieder vollständig einzutragen brauchen. Auch hier erkauft man sich Komfort mit etwas mehr Risiko und dem Problem, dass diese

Daten bei einem Microsoft-Konto in die Cloud synchronisiert werden.

Standard: *Ein* – Empfehlung: *Aus*

Häufig besuchte Websites in "Beste Websites" anzeigen

Edge-Browser: *Einstellungen/ Allgemein*

Ist diese Option eingeschaltet, zeigt Edge beispielsweise in neuen Tabs ganz oben die meistbesuchten Webseiten an. Nutzt man den PC für sich alleine, ist das kein Problem. Teilt man ihn mit anderen und möchte nicht, dass diese Details über die eigenen Surfgewohnheiten erfahren, sollte man die Funktion deaktivieren.

Standard: *Ein* – Empfehlung: *Aus*

Cortana soll mich bei Microsoft Edge unterstützen

Edge-Browser: *Einstellungen/ Erweitert*

Ist diese Option aktiv, werden Ihre Surfaktivitäten an Microsoft übermittelt und ausgewertet, um die digitale Sprachassistentin Cortana besser auf Ihre Interessen abzustimmen. *Cortana* ist ein Thema für sich, dem in diesem Ratgeber deshalb auch ein eigener Abschnitt gewidmet ist. Wer diesen Ratgeber liest, wertet seine Privatsphäre sicherlich höher als die bislang noch eher eingeschränkten

Assistenzfunktionen von Cortana und sollte diese Option deshalb ausschalten.

Standard: *Ein* – Empfehlung: *Aus*

In Adressleiste suchen mit

Edge-Browser: *Einstellungen/ Erweitert*

Standardmäßig verwendet Edge die Microsoft-Suchmaschine Bing, lässt sich aber auf Google oder einen beliebigen anderen Suchdienst umstellen. Wann immer Sie etwas im kombinierten Adress- und Suchfeld des Browser eingeben, was keine eindeutige Webadresse ist, leitet der Browser das als Suchanfrage an die entsprechende Suchmaschine weiter. Das gilt sogar im Fall von simplen Tippfehlern. Völlig abschalten, lässt sich das nicht, aber Sie können hier einen Suchdienst Ihrer Wahl eintragen, dem Sie vielleicht mehr Vertrauen entgegenbringen. Öffne Sie dazu die Suchseite dieses Anbieters, und wählen Sie dann hier in der Liste *Suchmaschine ändern*.

Standard: *Bing* – Empfehlung: bevorzugter Anbieter

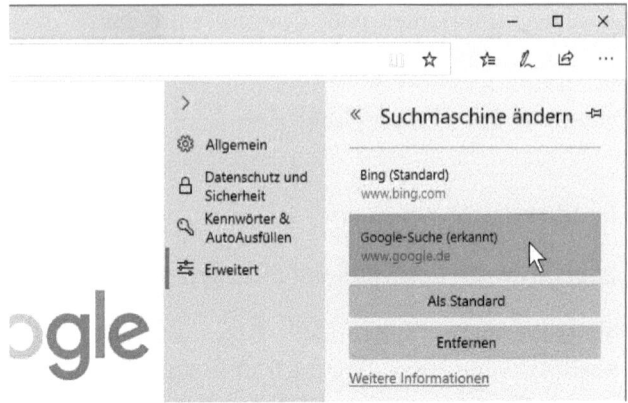

Beim Besuch einer Suchmaschine können Sie diese als neue Standardsuche für Edge festlegen

Mit Edge ganz vertraulich und sicher surfen

Beim Versuch, einen Kompromiss zwischen Datenschutz und Komfort beim Surfen zu finden, kann das InPrivate-Surfen des Edge-Browser eine Hilfe sein. In diesem Modus verzichtet der Browser auf das Speichern aller Arten von Daten, mit denen Ihre Aktivitäten verfolgt werden können. Selbst Cookies werden nur für diese eine Surfsitzung aufbewahrt (um z. B. Onlineshopping zu ermöglichen) und anschließend sofort wieder gelöscht. Der InPrivate-Modus eignet sich deshalb hervorragend, wenn Sie z. B. vorübergehend besonders großen Wert auf Privatsphäre legen oder auch an einem fremden PC surfen wollen.

1. Um den InPrivate-Modus zu nutzen, öffnen Sie mit dem Menü-Symbol 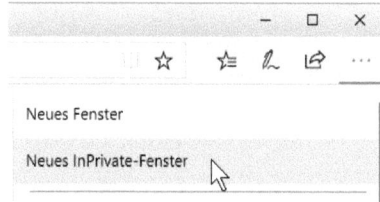 in der Symbolleiste des Browsers das Menü und wählen dort ganz oben *Neues InPrivate-Fenster*.

2. Der Edge-Browser öffnet dann ein neues Fenster mit dem Schriftzug *InPrivate-Browsen*. Darunter finden Sie noch mal einige Hinweise zu diesem Modus.

3. Wichtig ist dabei vor allem auch die Titelleiste des Browserfensters. Sie ist nun mit dem unübersehbaren Hinweis InPrivate versehen. Solange diese Markierung sichtbar ist, surfen Sie weiterhin im Datenschutz-Modus.

4. Sie können nun wie gewohnt surfen,

shoppen und sonstigen Onlineaktivitäten nachgehen.

5. Um den InPrivate-Modus wieder zu beenden, schließen Sie einfach dieses Browserfenster.

Sie können herkömmliche Browserfenster und ein InPrivate-Fenster beliebig parallel nutzen. Der Edge-Browser kann beides sauber trennen und surft in der InPrivate-Sitzung trotzdem mit vollem Datenschutz. Nur Sie selbst sollten darauf achten, in welchem der Fenster Sie gegebenenfalls vertrauliche Daten eingeben.

5. Weitere Apps und Funktionen

Auch in anderen Windows-Modulen und mitgelieferten Apps gibt es wichtige Einstellungen, mit denen Sie die Datensparsamkeit und Verschwiegenheit Ihres PCs abrunden können.

Windows Defender Security Center

Das mittlerweile zu *Windows-Sicherheit* umbenannte ehemalige Windows Defender Security Center fasst alle Funktionen und Einstellungen rund um Sicherheit zusammen. Dies betrifft auch einige datenschutzbezogene Einstellungen. Sie öffnen es über das Symbol im Infobereich oder in den Einstellungen unter *Update und Sicherheit/ Windows-Sicherheit* mit der Schaltfläche *Windows-Sicherheit öffnen*.

Cloudbasierter Schutz

Windows-Sicherheit: *Viren- & Bedrohungsschutz/ Einstellungen für Viren- & Bedrohungsschutz/ Einstellungen verwalten*

Ist diese Option eingeschaltet, übermittelt der Windows Defender automatisch Informationen über seine Tätigkeit an Microsoft. Dies umfasst Angaben zu erkannter Malware, die für das statistische Auswerten und Erkennen von neuen Infektionswellen verwendet werden. Hierzu gehört auch, wenn Sie eine zunächst als Malware eingestufte Datei anschließend als zulässig bewerten. Solche Informationen werden auch mit anderen Benutzern geteilt. Umgekehrt profitieren Sie auch von den daraus gewonnenen Erkenntnissen in Form einer besseren Trefferquote bei der Erkennung von Malware. Ein unmittelbarer Nachteil entsteht Ihnen aus dem Deaktivieren dieser Funktion aber nicht.

Standard: *Ein* – Empfehlung: *Ein*

Automatische Übermittlung von Beispielen

Windows-Sicherheit: *Viren- & Bedrohungsschutz/ Einstellungen für Viren- & Bedrohungsschutz/ Einstellungen verwalten*

Hier wird gesteuert, ob der Defender bei erkannter Malware Dateien automatisch übermitteln darf. Dies ist problematisch, da diese Datei auch andere, persönliche Inhalte haben kann. Außerdem ist nicht jede Datei, die der Defender als Malware erkennt, auch tatsächlich bösartig. Es empfiehlt sich deshalb, diese Option zu deaktivieren. Sie werden dann jeweils gefragt, wenn der Defender Daten übermitteln möchte und können ablehnen oder zustimmen.

Standard: *Ein* – Empfehlung: *Aus*

Leider beschwert sich Windows beim Deaktivieren dieser Funktionen, dass die Sicherheit dadurch „möglicherweise gefährdet" sei. Sie brauchen diese Beschwerden aber nur auf der Startseite von *Windows-Sicherheit* jeweils zu *Verwerfen*.

Smartscreen für Windows Store-Apps

Windows-Sicherheit: *App- & Browsersteuerung*

Ist diese Option eingeschaltet, wird jede Webadresse, die innerhalb einer App besucht wird, durch Microsoft mit einer Liste vermutlich bösartiger Seiten abgeglichen und ggf. blockiert. Dabei kommt derselbe SmartScreen-Filter wie beim Edge-Browser zum Einsatz. Allerdings kann er hier unabhängig davon gesteuert werden. Aus Sicherheitsgründen halte ich diese Einstellung für sinnvoll. Wer eine alternative Sicherheitslösung einsetzt oder auf diesen Schutz bewusst verzichten möchte, kann sie deaktivieren.

Standard: *Ein* – Empfehlung: *Ein*

Datenschützers Alptraum: Cortana

Schon länger geheimnisvoll angekündigt, erblickt gemeinsam mit Windows 10 die Sprachassistentin Cortana das Licht der IT-Welt. Das Prinzip ist von der Google-Sprachsuche oder der iPhone-Assistentin Siri vielleicht schon bekannt. Cortana wird nicht umständlich über Menüs und Optionen bedient, sondern kann menschliche Sprache interpretieren und verstehen. Man kann also Anweisung einfach aussprechen, anstatt die entsprechenden Aktionen selbst umständlich ausführen zu müssen.

Aus Datenschutzsicht ist Cortana wohl ganz treffend als Datenkrake zu betrachten. In dem Bemühen, möglichst viel über den Benutzer zu lernen und so immer möglichst individuell und passend auf seine Eingaben zu reagieren, zapft Microsoft jede halbwegs sinnvolle Datenquelle an. Selbst Dinge, die mit Cortana unmittelbar nichts zu tun haben, werden ausgewertet, etwa die Adresse und Sucheingaben im Browser (siehe Edge-Einstellungen). Außerdem ist Vorbedingung für die Nutzung von Cortana die Windows-Anmeldung mit einem Microsoft-Konto.

Wenn Sie Ihre Daten schützen möchten und Cortana bislang nicht benutzen, belassen Sie es am besten dabei. Sollten Sie Cortana aber schon aktiviert haben, sind mehrere Schritte nötig, um sie zu deaktivieren und die bereits erhobenen Daten über Sie aus der Cloud zu entfernen.

Ihre Cortana-Daten aus der Cloud löschen

Durch das Deaktivieren von Cortana werden keine neuen Daten mehr erhoben. Die bereits in die Cloud übermittelten Erkenntnisse bleiben aber vorhanden. Falls man Cortana doch wieder aktivieren würde, könnte man dadurch an der alten Stelle weitermachen, ohne dass die Assistentin sich erst wieder mühsam einstellen muss. Will man dauerhaft auf Cortana verzichten, sollte man diese Daten konsequenterweise aus der Cloud entfernen:

1. Klicken Sie hierzu in den Einstellungen unter *Cortana / Berechtigungen & Verlauf* auf den Link *In der Cloud ändern, was Cortana über mich weiß*.

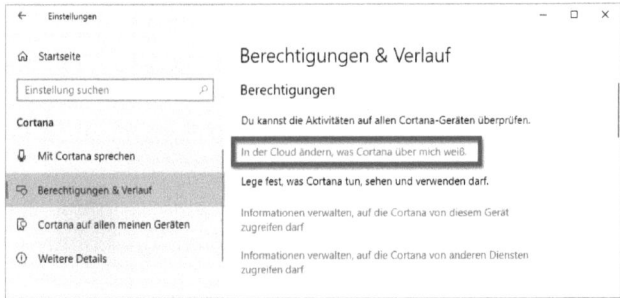

2. Windows zeigt dann im Cortana-Dialog einen länglichen Text an. Hier können Sie sich zum einen den Überblick verschaffen, welche Daten eigentlich vorhanden sind.

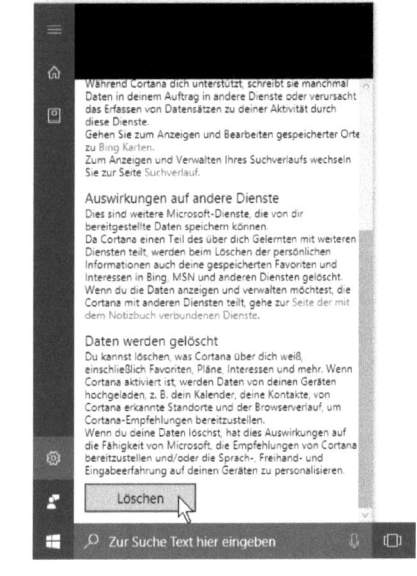

3. Ganz unten finden Sie die *Löschen*-Schaltfläche, mit der Sie die gespeicherten Daten entfernen können.

Cortana deaktivieren

Damit Cortana keinen Daten mehr sammelt, können Sie die Assistentin ganz deaktivieren. Die klassische Windows-Suche in der Taskleiste funktioniert trotzdem uneingeschränkt weiter. Einen simplen Cortana-Schalter gibt es leider (nicht) mehr. So bleiben zum Deaktivieren nur etwas komplexere Eingriffe per Gruppenrichtlinie oder Registry. Folgende Variante funktioniert bei allen Windows-Editionen:

1. Öffnen Sie mit dem Tastenkürzel **[Win]** + **[R]** den Ausführen-Dialog und führen Sie dort *regedit* aus, um den Registryeditor zu starten.

2. Um Cortana für alle Benutzer zu deaktivieren, öffnen Sie darin den Schlüssel *HKEY_CURRENT_USER \SOFTWARE \Policies \Microsoft \Windows \Windows Search*.

3. Wenn noch nicht vorhanden, erstellen Sie hier in der rechten Hälfte mit *Neu/DWORD-Wert (32-Bit)* einen neuen Eintrag und geben Sie ihm die Bezeichnung *AllowCortana*.

4. Öffnen Sie diesen Eintrag dann per Doppelklick zum Bearbeiten und geben Sie ihm den Wert *0*. (Mit dem Wert *1* können Sie Cortana später ggf. wieder aktivieren.)

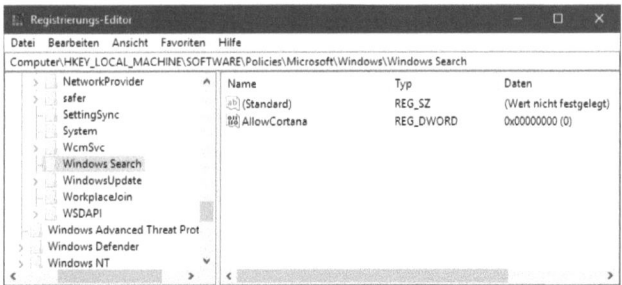

Damit ist Cortana deaktiviert, allerdings übermittelt das Suchfeld der Taskleiste immer noch alle Suchbegriffe an Bing, anstatt eine rein lokale Suche durchzuführen. Um das zu vermeiden, benötigen Sie noch zwei weitere Registry-Werte, die Sie wie vorangehend beschrieben erstellen (sofern sie noch nicht vorhanden sind): Öffnen Sie dazu im Registryeditor den Schlüssel mit der Bezeichung *HKEY_CURRENT_USER\ SOFTWARE\ Microsoft\ Windows\ CurrentVersion\ Search*. Erstellen Sie hier ggf. die beiden DWORD-Einträge *BingSearchEnabled* sowie *CortanaConsent* und setzen Sie beide auf den Wert *0*.

Anschließend müssen Sie sich einmal ab- und wieder anmelden bzw. den Rechner einmalig neu starten, damit die geänderte Einstellung in Kraft tritt.

Den Datenhunger von Cortana kontrollieren

Wenn Sie nicht ganz auf Cortana verzichten möchten, sollten Sie zumindest kontrollieren, auf welche Datenquellen die Assistentin zugreifen darf und damit, welche Ihrer Daten ggf. in der Cloud und auf

Microsoft-Servern landen. Öffnen Sie dazu die Einstellungen in *Cortana / Berechtigung & Verlauf*. Hier finden Sie auf der rechten Seite unter *Lege fest, was Cortana tun, sehen und verwenden darf.* zwei wichtige Verknüpfungen:

▶ *Informationen verwalten, auf die Cortana von diesem Gerät zugreifen darf*: Hiermit öffnen Sie eine Seite, wo Sie verschiedene Datenquellen wie Position, Kontakte oder den Browserverlauf deaktivieren können. Je weniger Optionen hier aktiviert sind, desto weniger Informationen darf die Assistentin anzapfen.

▶ *Informationen verwalten, auf die Cortana von anderen Diensten zugreifen darf* öffnet im Cortana-Dialog das Notizbuch und zeigt die dort verbundenen Dienste wie Mail-Konten oder LinkedIn-Profile an. Sollten hier noch keine Dienste hinzugefügt sein, umso besser. Andernfalls können Sie entscheiden, ob Cortana die aufgelisteten Dienste tatsächlich befragen soll.

Die Optionen im Abschnitt *Verlauf* sind interessant, wenn Sie mehrere Geräte mit Ihrem Microsoft-Konto verbunden haben, die auch von anderen Personen genutzt werden. Greift Cortana geräteübergreifend auf deren Verlaufsdaten zu, kann dadurch der eine erfahren, was der anderen gemacht hat, also beispielsweise welche Apps benutzt, welche Webseiten besucht oder nach welchen Begriffen gesucht wurde. Wenn das nicht gewünscht wird, sollten Sie die Verlaufsoption ebenfalls deaktivieren.

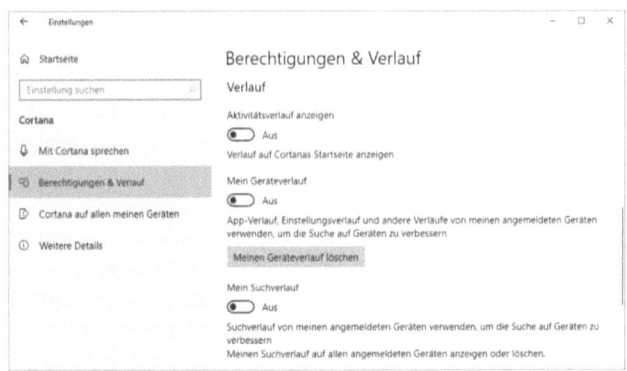

Die Skype-App vertraulich nutzen

Auch für die auf vielen Windows-PCs vorhandene Skype-App ist Datenschutz ein wichtiges Thema. Und das gilt sogar, wenn Sie Skype selbst gar nicht nutzen. Denn selbst dann können andere Nutzer unter Umständen an Ihrem Skype-Status verfolgen, wann Sie mit Ihrem PC online sind und wann nicht. Außerdem gilt es, Ihr Windows-Adressbuch vor dem Zugriff durch Skype zu schützen. Deshalb lohnt es sich in jedem Fall, die folgenden Einstellungen zu überprüfen und ggf. anzupassen:

1. Starten Sie die Skype-App. Verlangt die App zunächst eine Anmeldung, können Sie an dieser Stelle abbrechen und brauchen sich nicht weiter um Skype zu kümmern. Offenbar verwenden Sie ein lokales Konto und haben sich auch noch nie bei Skype angemeldet – belassen Sie es einfach dabei.

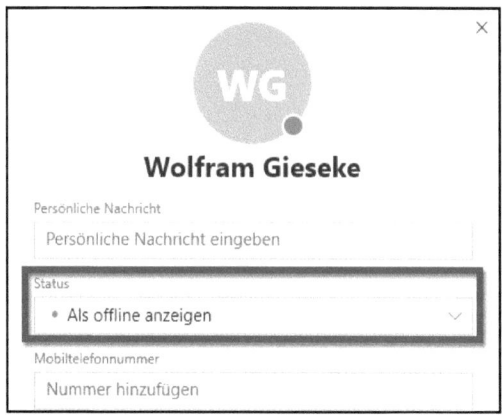

2. Sind Sie in der Skype-App angemeldet, klicken Sie auf Ihr Benutzersymbol oben links. Prüfen Sie zunächst, was als *Status* angegeben ist. Wenn Sie Skype gar nicht nutzen möchten, wählen Sie *Als offline anzeigen* als Standard-Status.

3. Klicken Sie dann unten in der Liste auf *Einstellungen*. Hier finden Sie mehrere Optionen, die in Bezug auf Datenschutz wichtig sind:

▷ Suchen Sie in den Einstellungen den Abschnitt *Datenschutz* und klicken Sie dort auf *Personensuche in Skype verwalten*. Ist hier Ihre Telefonnummer hinterlegt, sollten Sie den Schalter daneben ausschalten. Dann können Sie von anderen Skype-Teilnehmern nicht anhand Ihrer Telefonnummer gefunden werden, sondern nur, wenn Sie ihnen ausdrücklich Ihre Skype-Kennung übermitteln.

> Schalten Sie unter *Protokollierung* die Option *Diagnose- und Fehlerberichte* auf *Aus*. Dann verzichtet Skype darauf, Informationen an Microsoft zu übermitteln, die unter anderem Ihre Skype-Partner und Details Ihrer Konversationen enthalten können.

> Im Abschnitt *Kontakte* sollten Sie die Option *Nicht mein Adressbuch verwenden* auswählen. Dadurch verwehren Sie Skype den Zugriff auf Ihr Windows-Adressbuch und dessen Kontakte landen nicht automatisch in der Skype-Kontaktliste. Stattdessen fügen Sie selbst nur genau diese Personen Ihren Skype-Kontakten hinzu, mit denen Sie sich auch per Skype austauschen können.

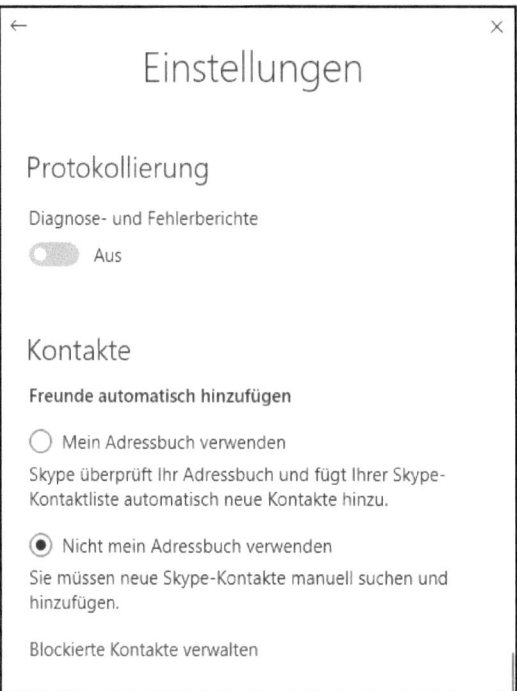

Datenschutz für die erweiterte Zwischenablage

Mit dem Herbst-Update 2018 erweiterte Microsoft die systemweite Windows-Zwischenablage. Sie wurde nicht nur um eine Verlaufsfunktion ergänzt, sondern kann nun auch über die Cloud zwischen verschiedenen Geräte mit demselben Microsoft-Konto synchronisiert werden.

Das ist eine feine Sache, die aber einen Haken hat: Alles, was Sie in Ihre Zwischenablage einfügen, landet dadurch in der Cloud und/oder kann von anderen Benutzern eingesehen werden, mit denen Sie sich Windows-Geräte teilen. Deshalb müssen Sie nicht unbedingt auf den komfortablen Verlauf der neuen Zwischenablage verzichten, aber zumindest den Cloud-Teil sollten Sie deaktivieren.

1. Die Optionen zum Steuern der erweiterten Zwischenablage finden Sie in den Einstellungen unter *System/Zwischenablage*.

2. Mit der oberen Einstellung *Zwischenablageverlauf* steuern Sie den erweiterten Verlauf insgesamt. Wenn Sie die Verlaufsfunktion gar nicht nutzen möchten, sollten Sie hier *Aus* wählen.

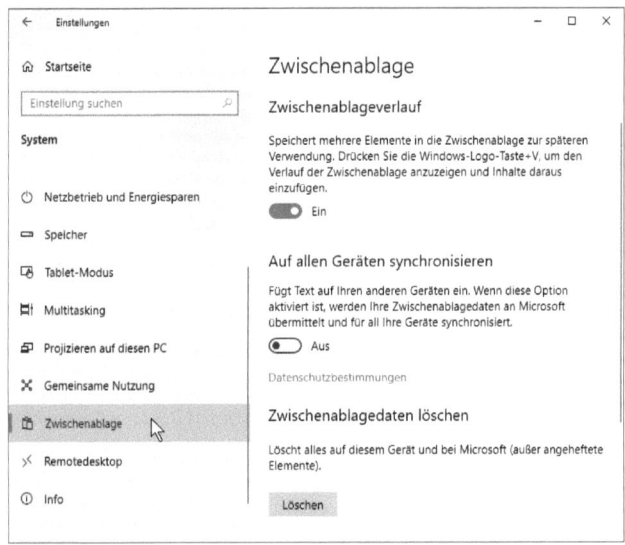

3. Um den Verlauf nur lokal auf ein Gerät zu beschränken, stellen Sie sicher, dass der Schalter im Abschnitt *Auf allen Geräten synchronisieren* auf *Aus* steht.

4. Sollten Sie die vernetzte Zwischenablage bereits genutzt haben und nun sicherstellen wollen, dass keine vertraulichen Daten mehr in der Cloud verbleiben, klicken Sie ganz unten im Abschnitt *Zwischenablagedaten löschen* auf die *Löschen-*Schaltfläche. Dann werden die Verlaufsdaten der Zwischenablage auf allen Geräten geleert, die mit demselben Microsoft-Konto verbunden sind.

Der Zwischenablageverlauf und Passwörter

Grundsätzlich ist es keine gute Idee, Passwörter in die Zwischenablage zu kopieren. Manchmal macht man es aber eben doch und vor allem Programme zur Passwortverwaltung nutzen diese Möglichkeit, dem Benutzer ein gespeichertes Kennwort so zur Verfügung zu stellen. Solche Passwort-Manager kümmern sich dann meist auch darum, ein Passwort wieder aus der Zwischenablage zu entfernen.

Das Problem: Mit dem Zwischenablageverlauf klappt dieses Entfernen nicht ohne weiteres. Dadurch bleiben Passwörter im Verlauf stehen und werden ggf. sogar auf andere Geräte synchronisiert. Das ist kein „Fehler" des Zwischenablageverlaufs, sondern er arbeitet wie vorgesehen. Denn ein Passwort ist für diese Funktion ein beliebiger Zwischenablageinhalt wie jeder andere auch. Wenn man den Zwischenablageverlauf nutzen will, sollte man sich dieser Problematik aber unbedingt bewusst sein.

Fügen Sie also am besten keine Kennwörter in die Zwischenablage ein bzw. löschen Sie diese nach Benutzung direkt wieder aus dem Verlauf. Beim Verwenden eines Passwort-Managers sollten Sie sicherstellen, dass dieser keine unerwünschten Spuren im Zwischenablageverlauf hinterlässt.

6. Datenschutzeinstellungen per Programm

Zum Abschluss und „Abrunden" dieses Ratgebers möchte ich Ihnen ein Programm vorstellen, mit dem Sie sich den Umgang mit den datenschutzrelevanten Funktionen von Windows erleichtern können. Es handelt sich dabei um das kostenlose **O&O Shutup10**. Dieses Programm kennt einen großen Teil dieser Optionen und erlaubt es, diese in einer einheitlichen, komfortablen Oberfläche einzustellen. Zusätzlich bietet das Programm kompakte Erläuterungen zu diesen Einstellungen an und bringt Empfehlungen mit, durch die Sie Windows 10 mit wenigen Mausklicks sinnvoll auf Verschwiegenheit trimmen können.

Datenschutz-Tools: Vor- und Nachteile

Auf den ersten Blick hört sich so ein Tool praktisch an und sicher ist es das auch, wenn man schnell Einstellungen erhalten möchte, die das Verhalten von Windows 10 einigermaßen datenschutz-kompatibel gestalten. Allerdings bedeutet ein solches Programm auch immer, dass man sich mit den Grenzen abfinden muss, die von den Entwicklern dieses Produkts aufgestellt wurden:

▸ Das Programm kennt zwar viele, aber eben nicht alle relevanten Einstellungen.

▶ Die Beschreibungen zu den einzelnen Einstellungen sind knapp gehalten. Sie sind nie völlig falsch, aber teilweise etwas zu verkürzt oder missverständlich. Man muss manchmal zwischen den Zeilen lesen bzw. benötigt Hintergrundwissen, um die Beschreibungen richtig einordnen zu können.

▶ Die vorgefertigten Empfehlungen sind pauschale Lösungen, die für eine Vielzahl von Anwendern „ganz OK" sind, aber für niemanden wirklich perfekt. Außerdem sind es subjektive Einschätzungen der Entwickler, denen so sicher nicht jeder zustimmen würde.

▶ Man muss sich darauf verlassen, dass das Programm seine Aufgabe kompetent und zuverlässig erfüllt.

Es spricht sicher nichts dagegen, ein solches Programm einzusetzen, sonst würde ich es an dieser Stelle auch nicht vorstellen. Aber ich halte es für sinnvoller, sich zuvor mit den vielen Einstellungen in Windows und deren Bedeutung und Auswirkungen vertraut zu machen.

Dann können Sie informierte Entscheidungen im Sinne Ihrer individuellen Anforderungen treffen. Wenn Sie sich mit diesem Wissen die einheitliche, kompakte Oberfläche des Programms für einen schnellen Zugang zu vielen Funktionen zunutze machen, ist das keine schlechte Idee.

O&O ShutUp10 installieren

Sie können das Programm unter www.oo-software.com/de/shutup10 herunterladen und uneingeschränkt kostenlos nutzen. Es wird als ZIP-Archiv angeboten. Dieses muss lediglich in ein Verzeichnis entpackt werden. Eine Installation im eigentlichen Sinne ist nicht notwendig. Um das Programm zu starten führen Sie einfach die Programmdatei aus dem entpackten Archiv aus.

Ohne Installation hinterlässt das Programm keine Spuren in der Windows-Registry oder den Systemdateien. Sie können es jederzeit wieder entfernen, in dem Sie den angelegten Ordner löschen. Die mittels des Programms beeinflussten Windows-Optionen werden durch das Löschen des Programms nicht verändert, bleiben also auf den zuletzt (ggf. durch das Programm) gewählten Einstellungen.

Systemwiederherstellungspunkt anlegen

Bevor Sie sich mit dem Programm ans Werk machen, Windows seine Geschwätzigkeit auszutreiben, ist es unbedingt sinnvoll, einen Systemwiederherstellungspunkt anzulegen. Sollten die mit Hilfe des Programms vorgenommenen Änderungen anschließend zu Fehlfunktionen führen oder andere negativen Auswirkungen haben, können Sie dadurch zuverlässig und unkompliziert rückgängig gemacht werden.

Das Programm bietet zwar lobenswerterweise selbst das Erstellen eines Wiederherstellungspunkts an, wenn Sie die erste Änderung vornehmen möchten. Allerdings bietet es keine Erfolgskontrolle dafür und meiner Erfahrung nach klappt das Erstellen auf diese Weise nicht zuverlässig. Deshalb sollten Sie dafür die Windows-eigene Funktion verwenden:

1. Öffnen Sie in der klassischen Systemsteuerung den Bereich *Wiederherstellung*.

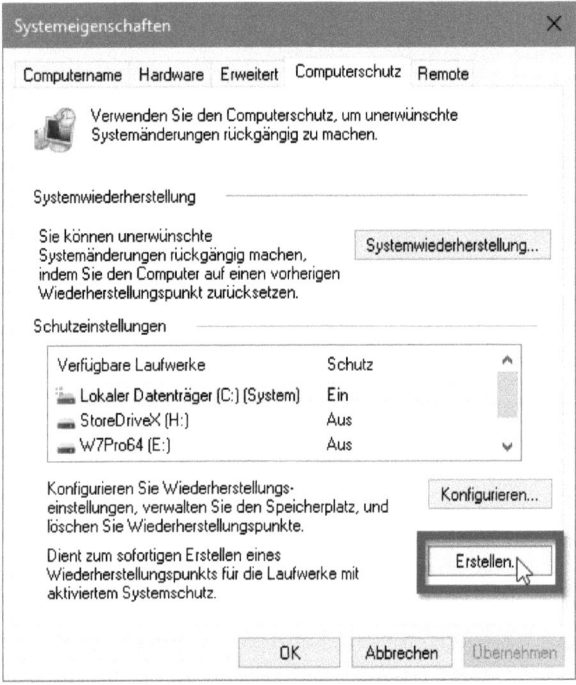

2. Wählen Sie in der Liste der Wiederherstellungstools *Systemwiederherstellung konfigurieren*.

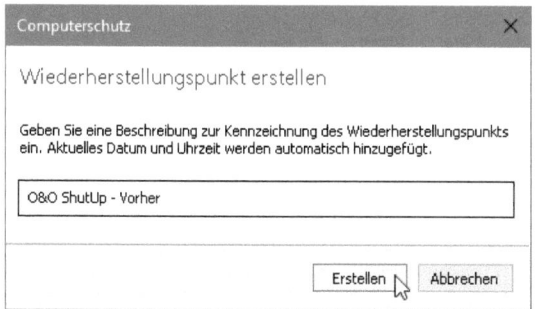

3. Klicken Sie anschließend unten rechts auf die Schaltfläche *Erstellen*. Sollte diese Schaltfläche inaktiv sein, müssen Sie zuvor den Computerschutz mit der Schaltfläche *Konfigurieren* einschalten.

4. Geben Sie dann eine Bezeichnung für den Wiederherstellungspunkt ein. Diese kann beliebig gewählt werden. Am besten beschreiben Sie kurz den Anlass für das Anlegen der Sicherung.

5. Der Assistent sammelt dann die Daten für den Wiederherstellungspunkt ein und sichert ihn. Dies kann ein wenig dauern.

6. Hat alles geklappt und konnte der Wiederherstellungspunkt erfolgreich angelegt werden, erhalten Sie zum Abschluss eine Bestätigungsmeldung. Der Sicherungspunkt ist nun gespeichert und bleibt Ihnen vorläufig erhalten. Allerdings unterliegen auch manuell

erstellte Wiederherstellungspunkte der Regel, dass sie gegebenenfalls automatisch gelöscht werden, um für neue – manuell oder automatisch erstellte – Wiederherstellungspunkte Platz zu machen.

Einzelne Einstellungen individuell vornehmen

Die Oberfläche des Programms besteht aus einer langen Liste von Einstellungen, die in verschiedene Bereiche unterteilt ist. Zu jedem Eintrag finden Sie am linken Rand ein Schaltersymbol. Ist der Schalter nach links gesetzt und das Symbol rot, ist diese Programmoption nicht deaktiviert. Schalten Sie eine Einstellung ein, wird der Schalter nach rechts gesetzt und das ganze Symbol grün.

Mit der Interpretation dieses Verhaltens muss man etwas vorsichtig sein. Nehmen wir als Beispiel die

Einstellung *Windows Defender deaktivieren*. Damit können Sie den Windows Defender abschalten. Ist diese Einstellung des Programms NICHT eingeschaltet, bedeutet das, das Programm hat den Windows Defender NICHT deaktiviert, er ist also aktiv. Um den Windows Defender zu deaktivieren, müssten Sie also diese Einstellung des Programms einschalten.

Nebenbei bemerkt: Den Windows Defender sollten Sie auf diese Weise keinesfalls deaktivieren. Er sollte nur abgeschaltet werden, wenn stattdessen ein anderes Antivirenprogramm installiert wurde. Dann deaktiviert Windows den Defender aber ohnehin automatisch. Das ist eines der Beispiele, bei denen O&O ShutUp10 etwas „streitbar" ist.

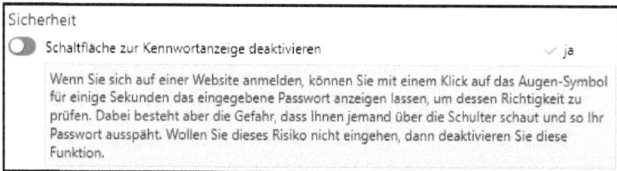

Wenn Sie sich über die Bedeutung einer Option im Unklaren sind, klicken Sie auf den Namen der Einstellung. Dadurch klappen Sie eine kurze Beschreibung dieser Einstellung aus. Ein erneuter Klick versteckt die Erklärung wieder.

Automatisch optimaler Datenschutz

Neben dem Zugriff auf die einzelnen Funktionen bietet das Programm so etwas wie vorgefertigte

Profile. Damit können Sie mit einem Schlag alle Optionen nach einer bestimmten Vorgabe einstellen. O&O ShutUp10 kennt drei solcher Profile:

▶ **Empfohlene Einstellungen**

Bei diesem Profil nimmt das Programm solche Einstellungen vor, welche die Entwickler uneingeschränkt empfehlen, weil sie den Datenschutz erhöhen, aber keine Funktionen einschränken.

▶ **Empfohlenen und eingeschränkt empfohlene Einstellungen**

Mit diesem Profil werden zusätzlich einige Einstellungen vorgenommen, die bestimmte Funktionen von Windows deaktivieren oder zumindest einschränken.

▶ **Alle Einstellungen**

Hiermit werden alle Einstellungen des Programms auf einen Schlag aktiviert. Dies wirkt sich auch auf sicherheitsrelevante Funktionen von Windows wie etwa Update, Defender und SmartScreen-Filter aus. Deshalb sollte dieses Profil sinnvollerweise auch nicht zum Einsatz kommen.

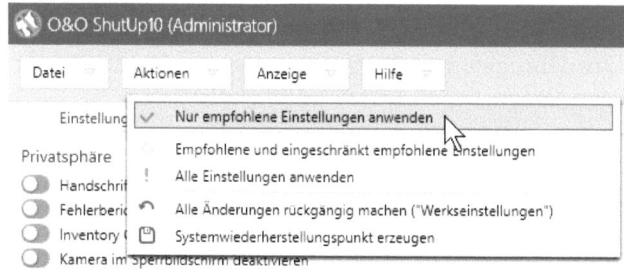

Wie sich die verschiedenen Profile konkret auswirken, können Sie in der Liste der Einstellungen ablesen:

1. Bei jeder Einstellung finden Sie rechts ein Symbol für das Profil, mit dem diese Einstellung aktiviert werden würde: grünes Häkchen für empfohlen – gelbes Dreieck  für eingeschränkt empfohlen – rotes Ausrufezeichen für Alle Einstellungen. So können Sie sich einen Eindruck verschaffen, ob etwa die empfohlenen Einstellungen Ihren Anforderungen genügen.

2. Um eines der Profile zu aktivieren, wählen Sie oben links *Aktionen* und dann den Menüpunkt mit dem entsprechenden Symbol.

3. Das Programm führt dann alle zu diesem Programm gehörenden Einstellungen durch.

Es spricht übrigens nichts dagegen, zunächst eines der Profile für eine schnelle Basiseinstellung zu verwenden und anschließend die einzelnen Einstellungen nach Bedarf den eigenen Vorstellungen anzupassen.

Werksreset - Zurück auf Anfang

Sollten Sie in der Vielzahl der Einstellungen doch mal den Überblick verloren haben, gibt es einen praktischen „Werksreset". Dieser stellt alle Optionen, die das Programm berücksichtigen kann, auf den Zustand, in dem Sie mit Windows standardmäßig installiert werden. Die Vorgehensweise dabei ist genau dieselbe wie beim Einstellen mittels eines Profils. Wählen Sie oben links *Aktionen* und dann im Menü den Eintrag *Alle Änderungen rückgängig machen ("Werkseinstellungen").*

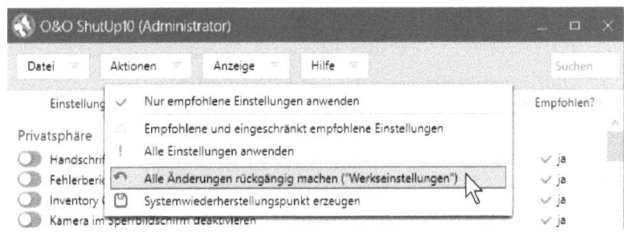

Zum Schluss…

…möchte ich Ihnen für Ihre Aufmerksamkeit danken. Ich hoffe, dieser Ratgeber hat Ihnen viele Erkenntnisse zum Thema Datenschutz bei Windows 10 verschafft und Sie bei der praktischen Umsetzung hilfreich begleitet.

Wenn Sie Frage haben, Feedback loswerden oder Ihre eigenen Erfahrungen teilen möchten, besuchen Sie mich im Internet unter **gEdition.de**. Hier finden Sie auch weitere Informationen und Tipps zu diesem und anderen Themen meiner Bücher.

Eine Bitte in eigener Sache

Ich freue mich, wenn Sie Ihre positiven Eindrücke an andere interessierte Leser weitergeben, etwa durch **persönliche Empfehlungen**, eine **Leserrezension** auf einer der einschlägigen Plattformen oder auch durch Hinweise in **Foren oder sozialen Netzwerken**.

Dieser Titel ist ohne Marketing-Budget und Vertriebsstrukturen großer Verlage erschienen, denen das Thema nicht profitabel genug erschien. Deshalb ist **Mund-zu-Mund-Propaganda** besonders wichtig. Wenn Sie also der Meinung sind, dass dieses Buch auch für andere Leser interessant und hilfreich sein könnte, dann **sagen Sie es bitte weiter**.

Vielen Dank.

Stichwortverzeichnis

Mehr von gEdition.de

weitere Informationen unter **www.gEdition.de**